朱子語類彙校

拾

[宋]黃士毅　編
徐時儀　楊艷　彙校

卷八十五

〔一〕儀禮　成化本此上有「禮二」。

〔二〕漢　成化本無。

〔三〕胡致堂　成化本爲「致堂」。

〔四〕常　成化本作「嘗」。

〔五〕人傑録同　成化本無。

〔六〕漢　成化本無。

〔七〕成化本此下注曰：「賀孫録略。」

〔八〕此條賀孫録成化本以部分内容爲注附於卷八十九廣録中，載曰：「或問：『女子已嫁，爲父母禫否？』曰：賀孫録云：『想是無此禮。』『據禮云父在爲母禫，止是主男子而言。』」

〔九〕此條成化本無。

〔一〇〕乃　成化本作「巧」。　施周繳　成化本爲「極周經」。

〔一一〕嘗　成化本無。

〔一二〕自　成化本無。

〔一三〕今來一向如此　成化本無。

〔一四〕且　成化本無。

〔一五〕他　成化本無。
〔一六〕淳　成化本爲「義剛」。
〔一七〕撫州學有板本　成化本無。
〔一八〕淳　成化本爲「義剛」。
〔一九〕見　成化本無。
〔二〇〕義　成化本作「儀」。
〔二一〕道　成化本作「這」。
〔二二〕寓　成化本無。
〔二三〕爵弁　成化本無。
〔二四〕吉　成化本此上有「言」。
〔二五〕正　成化本無。
〔二六〕冠時威儀　成化本爲「冠儀」。
〔二七〕又　成化本此上有「則」。
〔二八〕陳淳録同　成化本無。
〔二九〕板　成化本作「版」。
〔三〇〕此條人傑録成化本載於卷八十七。
〔三一〕此條卓録成化本載於卷八十七。
〔三二〕此條道夫録成化本載於卷八十七。

〔三三〕此條僩録成化本載於卷八十七。

〔三四〕陸名佃　成化本無。

〔三五〕成化本此下注曰：「義剛録云：『擇之云：「自通典後無人理會禮。本朝但有陳祥道、陸佃略理會來。」曰：「陳祥道理會得也穩，陸農師也有好處，但杜撰處多，如儀禮」云云。」』」

〔三六〕服　成化本此下注有「爵弁」。

〔三七〕車　成化本此下注有「墨車」。

〔三八〕用　成化本作「執」。

〔三九〕儒用　成化本作「賜」，但據底本此下所附賜録，則似有不同。

〔四〇〕賜録同……故盛其服　成化本無。

〔四一〕淳義剛録略同　成化本爲「義剛」，且此條載於卷八十七。

〔四二〕此條明作録成化本載於卷八十七。

〔四三〕他　成化本無。

〔四四〕待　成化本無。

〔四五〕妾　成化本爲「妾禮」。

〔四六〕士相見　成化本無此目，且此目下所載人傑録置於「總論」目下。

〔四七〕庚　成化本無。

〔四八〕勸　成化本爲「先勸」。

〔四九〕客　原脱，據上下文及成化本補。

［五〇］此條義剛録成化本載於卷六十三。
［五一］大射　成化本無此目，且此目下所載僴録置於卷九十二「樂古今」目下。
［五二］卓録同　成化本無，且此條僴録載於卷九十二。
［五三］陳淳録同　成化本無。
［五四］數　成化本作「度」。
［五五］釋　成化本作「擇」。
［五六］此條淳録成化本無，但載義剛録與此相類，參成化本卷八十五義剛録「堯卿問經帶之制……亦只是大麻索作一環耳」條。
［五七］要　成化本義剛録作「腰」。
［五八］象　成化本義剛録此上有「要經」。
［五九］圈　成化本義剛録作「扣」。
［六〇］此條淳録成化本無。
［六一］得　成化本此下有「不綴也得」。
［六二］總　成化本作「總」。
［六三］此條淳録成化本無。
［六四］此條淳録成化本無。
［六五］慰　成化本無。
［六六］之　成化本無。

[六七] 此條僩録成化本載於卷八十七。
[六八] 逮 成化本作「建」。
[六九] 不 成經本爲「不肯」。
[七〇] 其 成化本無。
[七一] 近 成化本此上有「然」。
[七二] 此條人傑録成化本載於卷八十七。
[七三] 毋 成化本無。
[七四] 此也是 成化本作「也」。
[七五] 夔孫義剛録同而少異 成化本爲「義剛」。
[七六] 藏 成化本作「將」。
[七七] 非 成化本作「作」。
[七八] 止 成化本作「上」。
[七九] 是 成化本無。
[八〇] 成化本此下注有「義剛同」。
[八一] 此條僩録成化本無。
[八二] 特牲饋食 成化本無。
[八三] 此條文蔚録成化本以部分内容爲注，夾於卷九十子蒙録中，參成化本子蒙録「用之問祭用尸之意……亦是此意」條。

〔八四〕先生曰　成化本無。

〔八五〕有司　成化本無。

〔八六〕此條敬仲録成化本載於卷八十一。

卷八十六

〔一〕周禮　成化本此上有「禮三」。
〔二〕問　成化本爲「曹問」。
〔三〕此　成化本無。
〔四〕庚　成化本無。
〔五〕得　成化本無。
〔六〕如　成化本無。
〔七〕書　成化本無。
〔八〕庚　成化本無。
〔九〕倜録同而沈又注云　成化本爲「倜録云」。
〔一〇〕著　成化本無。
〔一一〕德明　「明」字原脱，據成化本補。
〔一二〕許　成化本無。
〔一三〕來　成化本無。
〔一四〕合　成化本無。
〔一五〕而已　成化本爲「而後已」。

〔一六〕天下　成化本爲「之世」。
〔一七〕也　成化本無。
〔一八〕問　成化本爲「堯卿問」。
〔一九〕之　成化本無。
〔二〇〕見　成化本作「看」。
〔二一〕成化本此下注有「以下社」，且此條夔孫録載於卷九十。
〔二二〕其　成化本無。
〔二三〕答　成化本無。
〔二四〕謨去僞人傑録並同　成化本爲「去僞」。
〔二五〕次第　成化本無。
〔二六〕在　成化本無。
〔二七〕處　成化本此下注曰：「儒用録云：『但説官屬，不悉以類聚、錯綜互見，事必相關處却多含糊。或者又謂有互相檢制之意，此尤不然。』」
〔二八〕所以如此説固是　成化本爲「所以如此，此説固是」。
〔二九〕宗伯典禮司寇典刑　成化本爲「儒用録云：『大行人司儀掌賓客之事，當屬春官，而乃領於司寇。』」
〔三〇〕司馬　成化本此下注曰：「儒用録云：『懷方氏辨正封疆之事，當屬地官，而乃領於司馬。』」
〔三一〕之　成化本此下注曰：「儒用録云：『不得有其土地。司馬主兵，有威懷諸侯之義故也。』」
〔三二〕存　成化本此下注曰：「儒用録作『正』。」

〔三三〕司徒　成化本此下有「司空」。
〔三四〕庚　成化本爲「儒用略」。
〔三五〕處　成化本無。
〔三六〕此條淳録成化本以部分内容夾注於卷九十義剛録中，參成化本義剛録「堯卿問高爲穆之義……看他如何地」條。
〔三七〕黄直卿　成化本爲「直卿」。
〔三八〕又　成化本作「乃」。
〔三九〕某便説道　成化本無。
〔四〇〕個　成化本無。
〔四一〕後　成化本無。
〔四二〕後　成化本無。
〔四三〕爲　成化本作「各」。
〔四四〕在　成化本無。
〔四五〕故　成化本無。
〔四六〕地　成化本無。
〔四七〕個　成化本無。
〔四八〕國　成化本無。
〔四九〕地　成化本無。

〔五〇〕便 成化本無。
〔五一〕今看 成化本無。
〔五二〕各 成化本作「每」。
〔五三〕蓋以維言 成化本爲「以徑言」。
〔五四〕是 成化本無。
〔五五〕他那 成化本無。
〔五六〕此説極分明了 成化本爲「極分明」。
〔五七〕開破 成化本爲「破開」。
〔五八〕是 成化本無。
〔五九〕得 成化本無。
〔六〇〕恁地 成化本無。
〔六一〕得 成化本無。
〔六二〕若是 成化本無。
〔六三〕得 成化本無。
〔六四〕是 成化本無。
〔六五〕他 成化本無。
〔六六〕按池本無自若是恁地至留得作何用一節 成化本無。
〔六七〕下 成化本作「在」。

[六八] 人 成化本此下有「始得」。
[六九] 以下冢宰 成化本無。
[七〇] 爾 成化本無。
[七一] 是提 成化本爲「亦是」。
[七二] 義剛 成化本無。
[七三] 地 成化本無。
[七四] 大略 成化本爲「不略」。
[七五] 成化本此下注曰：「淳録云：『民無住處，無物喫，亦如何教得？所以辨五方之宜以定民居，使之各得其所而後教可行也。』」
[七六] 此條淳録成化本以部分内容爲注，附於義剛録尾，參上條。
[七七] 此條淳録成化本載於卷八十七。
[七八] 成化本此下注曰：「因論保伍法。」
[七九] 自 成化本作「别」。
[八〇] 此條淳録成化本載於卷八十七。
[八一] 此鄉遂 成化本無。
[八二] 淳 成化本無。
[八三] 成化本此下注曰：「以下小司徒注。」
[八四] 成化本此下注有「司稼」。

［八五］成化本此下注曰：「下條聞同。」且其下條爲「問周制都鄙用助法……遠郊勞逸所繫」條，可參。
［八六］之 成化本此上有「鄉遂」。
［八七］兵 成化本爲「一兵」。
［八八］此 成化本此下注曰：「義剛録作『當亦是鄉遂』。」
［八九］成化本此下注有「匠人注」。
［九〇］王受賢能之書再拜受之登於天府 成化本無。
［九一］祖 成化本此上有「問」。
［九二］武帝 原脱，據成化本補。
［九三］齊懷王閎燕刺王旦廣陵王胥卿大夫 成化本無，但另注有「文蔚」。
［九四］周禮黨正謂 成化本爲「黨正」。
［九五］然 成化本此下注曰：「燾録云：『猶而今别設卓也。』」
［九六］以下 成化本無。
［九七］書其 成化本無。
［九八］不知 成化本無。
［九九］此 成化本無。
［一〇〇］自 成化本此上有「民」。
［一〇一］也 成化本作「已」，屬下讀。
［一〇二］淳 成化本爲「義剛」。

［一〇三］縣稍都鄙　成化本爲「甸、稍、縣、都」。
［一〇四］此條淳録成化本以部分内容夾注於卷九十義剛録中，參成化本義剛録「堯卿問高爲穆之義……看他如何地」條。
［一〇五］周禮　成化本無。
［一〇六］周禮　成化本無。
［一〇七］夫　成化本無。
［一〇八］而　成化本無。
［一〇九］問　成化本爲「陳問」。
［一一〇］庶　成化本此上有「又某書」。
［一一一］引　成化本此上有「某人」。
［一一二］威　成化本作「恒」，但缺筆避諱。此條下同。
［一一三］定　成化本爲「定公」。
［一一四］亂説也　成化本爲「是亂説」。
［一一五］至　成化本爲「欲至」。
［一一六］聖　成化本此上有「春秋何嘗説不譏與美他來」。
［一一七］自　成化本此上有「人」。
［一一八］你　成化本作「他」。
［一一九］皆是亂説　成化本無。

［一二〇］或　成化本作「僩」，且此上有「又曰：『事也多樣。國君復讐之事又不同。』」

［一二一］夷狄亂華　成化本爲「如本朝夷狄」。

［一二二］凡　成化本此上有「久之，曰」。

［一二三］勢　成化本此下有「做」。

［一二四］莊公　成化本爲「魯莊公」。

［一二五］較之　成化本無。

［一二六］襄公　成化本爲「齊襄公」。

［一二七］讎　成化本無。

［一二八］反　成化本作「又」。

［一二九］外　成化本爲「東門之外」。

［一三〇］做得　成化本無。

［一三一］連牧　成化本爲「連率」。

［一三二］反　成化本作「又」。

［一三三］尚何責焉　成化本爲「於其正當底讎人尚如此則其子何罪又況其子承其被殺後而入國又做得國來自好莊公之所不如宜其不能復而俛首事之也」。

［一三四］又　成化本作「陳」。

［一三五］莊公若能殺得襄公　成化本爲「若莊公能殺襄公了」。

［一三六］不知可復與威公盟會否　成化本爲「復與桓公爲會可否」。

〔一三七〕自　成化本作「兩」。

〔一三八〕俛首而　成化本無。

〔一三九〕只要乘氣勢做及時做得方好　成化本爲「只要乘氣勢方急時便做了方好」。

〔一四〇〕一　成化本爲「一世」。

〔一四一〕氣　成化本爲「鼓氣」。

〔一四二〕兄　成化本作「祖」。

〔一四三〕名　成化本作「欲」。

〔一四四〕有　成化本作「如」。

〔一四五〕四夷　成化本爲「夷狄」。

〔一四六〕故　成化本無。

〔一四七〕又　成化本此上有「『如本朝靖康虜人之禍，看來只是高宗初年，乘兀朮、粘罕、斡離不及阿骨打未死之時，人心憤怒之日，以父兄不共戴天之讎，就此便打疊了他方快人意。孝宗即位，鋭意雪耻，然事已經隔，與吾敵者非親殺吾父祖之人，自是鼓作人心不上。所以當時號爲端人正士者，又以復讎爲非、和議爲是。而乘時喜功名、輕薄巧言之士則欲復讎。彼端人正士豈故欲忘此虜？蓋度其時之不可而不足以激士心也。如王公明炎、虞斌父之徒百方勸用兵，孝宗盡被他説動。其實無能，用着輒敗，只志在脱賺富貴而已。所以孝宗盡被這樣底欺，做事不成，蓋以此耳』。僩云：『但不能殺虜主耳。若而今捉得虜人來殺之，少報父祖之怨，豈不快意？』曰：『固是好，只是已不干他事，自是他祖父事。你若捉得他父祖來殺，豈不快人意！　而今是他子孫，干他甚事。』」

〔一四八〕説　成化本爲「又引」。
〔一四九〕報　成化本此下有「父之讐」。
〔一五〇〕引伍子胥事爲證以爲聖人是之　此句成化本置於「聖人何嘗有明文是子胥來」之上，參下文。
〔一五一〕盡是　成化本無。
〔一五二〕聖　成化本此上有「又引伍子胥事，説聖人是之」。
〔一五三〕解　成化本作「爲」。
〔一五四〕胡説　成化本作「胡」。
〔一五五〕中　成化本無。
〔一五六〕言亦當報之　成化本爲「言當執之」。
〔一五七〕調人　成化本無，且此條僩録載於卷一百三十三。底本於卷一百三十三重複載入，但文字稍有差異。
〔一五八〕淳　成化本無。
〔一五九〕以下遂人　成化本無。
〔一六〇〕成化本此下注曰：「以下遂人。」
〔一六一〕璧　成化本此下有「等斂」。
〔一六二〕思　成化本爲「思量」。
〔一六三〕大宗伯　成化本爲「典瑞」。
〔一六四〕成化本此下注有「占夢」。

〔一六五〕大司馬　成化本無，且此條道夫録載於卷六十六。

〔一六六〕訴　成化本作「許」。

〔一六七〕義剛　成化本無。

〔一六八〕冬官　原無。其下所載語録成化本置「冬官」目下。又，「輪人」出自冬官考工記。

〔一六九〕成化本此下注有「閎祖」。

卷八十七

［一］小戴禮　成化本此上有「禮四」。
［二］節　成化本無。
［三］答　成化本無。
［四］先生云　成化本無。
［五］者　成化本無。
［六］儀禮是全書其他皆是講説　原爲「儀禮無全書其全皆是講説」，據成化本改。又據卷八十四賀孫録曰「惟儀禮是古全書」和可學録曰「禮記本秦、漢上下諸儒解釋儀禮之書」，可證底本誤。
［七］有許順之者　成化本爲「許順之」。
［八］李本作　成化本爲「方子録云」。
［九］方子同而少異　成化本無。
［一〇］鄭氏注覺得好　成化本爲「鄭玄説覺見好」。
［一一］如　成化本此上有「禮書」。
［一二］陳氏勝陸氏　成化本爲「陳底似勝陸底」。
［一三］如　成化本無。
［一四］取　成化本作「録」。

〔一五〕書　成化本此下有「方好看」。

〔一六〕之　成化本無。

〔一七〕除　成化本無。

〔一八〕處　成化本作「起」。

〔一九〕成化本此下注有「夔孫同」。

〔二〇〕風俗　成化本無。

〔二一〕義剛同　成化本爲「義剛録云康成也可謂大儒」。

〔二二〕答　成化本無。

〔二三〕成化本此下注曰：「文蔚録云：『問二禮制度如何可了？』曰：『只注疏自了得。』」

〔二四〕答　成化本無。

〔二五〕是　成化本無。

〔二六〕只改作蠶蛾字　成化本爲「只作蠶蛾子」。

〔二七〕此條大雅録成化本載於卷六十四。

〔二八〕義剛　成化本作「揚」，且此條載於卷一百三十五。

〔二九〕大戴禮或有注或無注……自把九疇作洛書看了　成化本以這部分賀孫録作爲注，分别附於兩條廣録中。其中，「大戴禮或有注或無注……然此等錯雜亦未可知」中部分内容夾注於卷八十八廣録「大戴禮本文多錯……恐亦有錯雜處」條；「如明堂篇……自把九疇作洛書看了」中部分内容附注於卷八十八廣録「明堂篇説其制度……爲洛書之一驗也」條。

〔三〇〕上　成化本無。
〔三一〕類　成化本此下注曰：「至録云：『是威儀纖悉處。』」
〔三二〕協　成化本無。
〔三三〕毋不敬……安民哉　成化本爲「儼若思」。
〔三四〕方子　成化本作「煇」。
〔三五〕文蔚　成化本無。
〔三六〕篇　成化本無。
〔三七〕沈録此下又云　成化本爲「僩録云」。
〔三八〕意　成化本作「言」。
〔三九〕此　成化本無。
〔四〇〕陳淳録同　成化本無。
〔四一〕文蔚　成化本無。
〔四二〕學　成化本作「教」。
〔四三〕見　成化本無。
〔四四〕那　成化本無。
〔四五〕義剛　成化本無。
〔四六〕只　成化本無。
〔四七〕行此禮否　成化本無。

〔四八〕篤　成化本作「尊」，下二同。
〔四九〕文蔚　成化本無。
〔五〇〕曲禮　成化本作「禮」。
〔五一〕必非　「非」原脱，據上下文意及成化本補。
〔五二〕説　成化本作「爲」。
〔五三〕嬑　原脱，據成化本補。
〔五四〕成化本此下注有「賀孫」。
〔五五〕二　原脱，據成化本補。
〔五六〕杖　原脱，據上下文意及卷八十九卓録、成化本補。
〔五七〕此條僩録成化本無，但卷八十九所載卓録與此相類。參底本卷八十九卓録「因説天子之喪……其民當如何服當檢看」條。
〔五八〕成化本此下注曰：「池本云：『不知又出來作個甚嘴臉。』」
〔五九〕此條人傑録成化本以部分内容爲注，附於必大録尾，參成化本卷八十七必大録「王制四海之内九州……此尤可笑」條。
〔六〇〕是　成化本此上有「注謂」。
〔六一〕節　成化本此下注曰：「必大録云：『若從征伐，或經歲方歸。』」
〔六二〕一歲　成化本無。
〔六三〕守　成化本此下有「豈不可以攝事」。

〔六四〕成化本此下注曰：「必大録略。」
〔六五〕黄直卿　成化本爲「直卿」。
〔六六〕是　成化本作「央」。
〔六七〕五代　成化本無。
〔六八〕又　成化本作「曹」。
〔六九〕月令仲春行秋令云云　成化本爲「春行秋令之類」。
〔七〇〕辛　成化本無。
〔七一〕庚　成化本無。
〔七二〕問樂記以樂爲先……將兩者分開了成化本無。
〔七三〕蓋　成化本作「改」。
〔七四〕七情　成化本無。
〔七五〕只　成化本無。
〔七六〕七情中　成化本無。
〔七七〕賀孫　成化本無。
〔七八〕這只　成化本無。
〔七九〕身上　成化本爲「身己」。
〔八〇〕答　成化本無。
〔八一〕此條道夫録成化本無。

[八二]郊特牲　成化本此目上有「禮器」一目。
[八三]禮記　成化本爲「禮器」。
[八四]猫　成化本此上有「迎」。
[八五]謨去僞録同　成化本爲「去僞」。
[八六]玉藻　成化本此目上有「内則」一目。
[八七]文蔚　成化本無。
[八八]答　成化本無。
[八九]看公文字有幾件要合作一處説　成化本爲「看文字最不可都要合作一處説」。
[九〇]可　原脱，據成化本補。
[九一]答　成化本無。
[九二]漢　成化本無。
[九三]寓同而略　成化本爲「寓録同無楊問以下」。
[九四]有　成化本作「其」。
[九五]成化本此下注有「僩」。
[九六]夷　成化本此下注曰：「黄録作『要荒』。」
[九七]成化本此下注有「義剛同」。
[九八]既爲別子　成化本無。
[九九]季孫　成化本作「季」。

〔一〇〇〕孟孫　成化本作「孟」。
〔一〇一〕有　成化本無。
〔一〇二〕學記　成化本此目上有「少儀」一目。
〔一〇三〕學記云　成化本無。
〔一〇四〕只　成化本作「且」。
〔一〇五〕此　成化本此下有「做」。
〔一〇六〕成化本此下注有「夔孫同」。
〔一〇七〕林子武　成化本爲「子武」。
〔一〇八〕用底　成化本爲「他用」。
〔一〇九〕者　成化本無。
〔一一〇〕者　成化本無。
〔一一一〕者　成化本無。
〔一一二〕者　成化本無。
〔一一三〕得　成化本無。
〔一一四〕爲　成化本爲「爲之」。
〔一一五〕來　成化本無。
〔一一六〕夔孫録有詳略　成化本無。
〔一一七〕玄冕　成化本爲「弁冕」。

〔一一八〕成化本此下注有「僩」。
〔一一九〕學記謂　成化本無。
〔一二〇〕庚　成化本無。
〔一二一〕好　成化本作「妙」。
〔一二二〕數　成化本此下注曰：「至録云：『人人誦習，識其器數。』」
〔一二三〕成化本此下注有「至同」。
〔一二四〕節　成化本無。
〔一二五〕節　成化本無。
〔一二六〕節復　成化本無。
〔一二七〕此條節録成化本分爲兩條：「一倡而三歎……猶以爲三歎息非也」爲一條，但注爲僩録；「問人生而静……這是反躬」爲一條，注爲節録。
〔一二八〕成化本此下注有「僩」。
〔一二九〕又曰　成化本無。
〔一三〇〕答云　成化本作「曰」。
〔一三一〕只　成化本無。
〔一三二〕見　成化本作「是」。
〔一三三〕金録止此　成化本無。
〔一三四〕樂記　成化本此下有「『天尊地卑』至『樂者天地之和也』」。

［一三五］退思……如此則樂者天地之和也　成化本無。
［一三六］己亥秋嘗見先生云　成化本爲「又云」。
［一三七］謨去僞亦同而略　成化本爲「去僞録略」。
［一三八］則　成化本爲「則之」。
［一三九］云云　成化本作「云」。
［一四〇］乎　成化本作「于」。
［一四一］則　成化本爲「則得」。
［一四二］節　成化本無。
［一四三］此條從周録成化本無。
［一四四］生　成化本無。
［一四五］字　成化本無。
［一四六］林子武　成化本爲「子武」。
［一四七］不測知之意　成化本爲「不可測知」。
［一四八］答　成化本無。
［一四九］説　成化本此下有「祀」。
［一五〇］義剛同而略自如祭法以上無　成化本爲「義剛録略」。
［一五一］祭義説　成化本無。
［一五二］魄魂　成化本爲「魂魄」。

〔一五三〕陳淳録同　成化本無。
〔一五四〕禮記云　成化本無。
〔一五五〕是　成化本無。
〔一五六〕人物禮　成化本無。
〔一五七〕受與不受　成化本無。
〔一五八〕禮數　成化本無。
〔一五九〕所以有處只得受　成化本無。
〔一六〇〕又　成化本無。
〔一六一〕表記　成化本爲「喪記」。
〔一六二〕名　成化本作「多」。
〔一六三〕此條人傑録成化本無。
〔一六四〕文蔚　成化本無。
〔一六五〕此百物之精神之著也如何　成化本無。
〔一六六〕孔子閒居　成化本此目上有「仲尼燕居」一目，其下載一條節録曰：「『領惡全好』，楊至之記云：『「領，管領，使之不得動。」又云：「領，治也，治去其惡也。」』」
〔一六七〕此條人傑録成化本無。
〔一六八〕黄録止此　成化本無。
〔一六九〕成化本此下注有「義剛」。

〔一七〇〕按陳淳録同而略　成化本無。
〔一七一〕忘身之老也　成化本無。
〔一七二〕何　成化本作「安」。
〔一七三〕去　成化本爲「將去」。
〔一七四〕倒　成化本爲「到」，且此下注曰：「方子録作『倒』。」
〔一七五〕廢時　成化本爲「算時」。
〔一七六〕計　成化本爲「去計」。
〔一七七〕效　成化本此下有「又問：『詩之正意，「仰」字當重看；夫子之言，「行」字當重看。』曰：『不是高山景行，又仰個甚麽？又行個甚麽？高山景行，便是那仁。』」
〔一七八〕方子　成化本爲「至。方子同」。
〔一七九〕鄉飲酒　成化本此目上有「深衣」一目。
〔一八〇〕婚　成化本此上有「問」。
〔一八一〕云云　成化本無。
〔一八二〕來則　成化本無。
〔一八三〕也　成化本此注曰：「僩録作『有傳也』。」
〔一八四〕婦　成化本爲「飲婦」。
〔一八五〕位　成化本此下注曰：「僩録云：『姑爲客，婦爲主。』」
〔一八六〕成化本此下注有「僩同」。

［一八七］拜　成化本此下有「又答一拜」。
［一八八］當　成化本無。
［一八九］了　成化本無。
［一九〇］着　成化本無。
［一九一］却　成化本無。
［一九二］也　成化本無。
［一九三］今　成化本無。
［一九四］受　成化本此下有「拜送，拜既」。
［一九五］拜洗　成化本無。
［一九六］間　成化本無。
［一九七］是當時要　成化本爲「當時」。
［一九八］射　原脱，據成化本補。
［一九九］成化本此下注有「賀孫」。
［二〇〇］成化本此下注有「泳」。
［二〇一］謂　成化本作「論」。
［二〇二］成化本此下注有「道夫」，且此條載於卷五十八。
［二〇三］使人不伏　成化本無。
［二〇四］此條賀孫録成化本載於卷八十五。

卷八十八

〔一〕大戴禮　成化本此上有「禮五」。
〔二〕淳義剛録同　成化本爲「義剛」。
〔三〕大戴禮　成化本此下注曰：「賀孫録云：『或有注或無注，皆不可曉。』」
〔四〕者　成化本此下注曰：「賀孫録云：『有煞着題處，有全不着題處。』」
〔五〕他　成化本無。
〔六〕後　成化本無。
〔七〕切　成化本此下注曰：「賀孫録云：『須要做象本色。』」
〔八〕固　成化本無。
〔九〕却　成化本無。
〔一〇〕船銘　成化本此下注曰：「賀孫録云：『因舉問數銘可疑。曰：「便是如盥盤銘，似可做船銘。」』」
〔一一〕成化本此下注曰：「賀孫録少異。」
〔一二〕庚　成化本無。
〔一三〕淳　成化本爲「安卿」。
〔一四〕淳義剛録同　成化本爲「義剛」。

卷八十九

〔一〕冠昏喪　成化本此上有「禮六」。

〔二〕節　成化本無。

〔三〕者　成化本無。

〔四〕是　成化本無。

〔五〕節復　成化本無。

〔六〕此　成化本無。

〔七〕那個　成化本無。

〔八〕張欽夫　成化本爲「欽夫」。

〔九〕者　成化本此下注曰：「淳録云：『在廣西刊三家禮。』」

〔一〇〕乃　成化本無。

〔一一〕行　成化本此下注曰：「淳録云：『只一家事。』」

〔一二〕禮　成化本此下注曰：「淳録云：『礙兩家，如五兩之儀，須兩家是一樣人始得。』」

〔一三〕成化本此下注曰：「淳録少異。」

〔一四〕此條淳録成化本以部分内容夾注於賀孫録中，參上條。

〔一五〕舜工　成化本爲「舜功」。

〔一六〕其　成化本無。
〔一七〕又　成化本無。
〔一八〕禮　成化本無。
〔一九〕禮　成化本無。
〔二〇〕此條義剛録成化本無。
〔二一〕淳　成化本無。
〔二二〕底　成化本無。
〔二三〕母　成化本無。
〔二四〕廟　成化本無。
〔二五〕其　成化本作「於」。
〔二六〕賀孫　成化本無。
〔二七〕此條道夫録成化本無。
〔二八〕問　成化本爲「或問」。
〔二九〕夔孫　成化本爲「義剛」。
〔三〇〕人家娶婦有當日便令廟見者　成化本爲「婦當日廟見」。
〔三一〕今見温公書儀……有不可曉處　成化本無。
〔三二〕而　成化本無。
〔三三〕又　成化本無。

〔三四〕司馬文正　成化本爲「司馬」。

〔三五〕於　成化本作「見」。

〔三六〕胡叔器　成化本爲「叔器」。

〔三七〕陳此下云……何者爲之是　成化本爲「或以爲妻者齊也當齊拜何者爲是」。

〔三八〕皆　成化本作「雖」。

〔三九〕又　成化本無。

〔四〇〕頭　成化本此上有「而」。

〔四一〕手拜　成化本爲「拜手」。

〔四二〕伏　成化本此下有「朝見」。

〔四三〕陳此下云此等小小禮文皆無所稽考　因成化本所載爲淳録，故此部分注文爲「此等小小禮文皆無所稽考」。

〔四四〕非　成化本此上有「亦」。

〔四五〕此條義剛録成化本分爲兩條分載兩處，其中「叔器問昏禮……母亦俠拜」爲一條，注爲淳録，載於卷八十九；「問古者婦人以肅拜爲正……即今之拜是也」爲一條，亦注爲淳録，載於卷九十一。

〔四六〕義剛　成化本無。

〔四七〕昏禮　成化本無。

〔四八〕士人　成化本無。

〔四九〕但也　成化本無。

〔五〇〕但　成化本無。
〔五一〕黄直卿　成化本爲「直卿」。
〔五二〕樣　成化本無。
〔五三〕古今　成化本爲「只令」。
〔五四〕陳淳録同　成化本無。
〔五五〕李丈　成化本爲「堯卿」。
〔五六〕李瑋　原爲「李璋」，此處所涉乃宋仁宗兖國公主下嫁李用之子李瑋之故事，而李璋乃李瑋之兄。據宋史卷二百四十八改。
〔五七〕陳無此句以下至此八字　成化本無。
〔五八〕行　成化本無。
〔五九〕陳淳録同而略　成化本無。
〔六〇〕禮　成化本無。
〔六一〕邵康節云　成化本爲「康節説」。
〔六二〕成化本此下注曰：「以下喪服。」
〔六三〕子升兄　成化本爲「子升」。
〔六四〕又　成化本無。
〔六五〕諸達官者皆杖　成化本無「諸達官之長杖」。
〔六六〕者　成化本無。

〔六七〕故曰達官　成化本無。
〔六八〕則　成化本無。
〔六九〕賀孫　成化本無。
〔七〇〕有　成化本無。
〔七一〕賀孫　成化本無。
〔七二〕緦麻　成化本爲「繐衰」。
〔七三〕只　成化本作「又」。
〔七四〕是　成化本無。
〔七五〕自　成化本無。
〔七六〕成化本此下注曰：「以下君喪。」
〔七七〕張　成化本無。
〔七八〕此條方子録成化本無，但卷六十三所載賀孫録與此相類，參底本卷六十三賀孫録「正淳問中庸云……某言者何某事者何」條，及廣録「或問三年之喪達乎天子……當服禫」條。
〔七九〕習安守故　成化本爲「安常習故」。
〔八〇〕成化本此下注曰：「以下服制。」
〔八一〕又　成化本無。
〔八二〕且如今人最是……爲所生父母齊衰　成化本爲「且如今人爲所生父母齊衰」。
〔八三〕包顯道　成化本爲「顯道」。

〔八四〕堂叔　「叔」字原脱，據成化本補。
〔八五〕記禮　成化本爲「禮記」。
〔八六〕□□爲父矣　成化本爲「師爲猶父矣」。疑底本所缺二字爲「師猶」，即「師猶爲父矣」。
〔八七〕此條道夫録成化本載於卷八十七。
〔八八〕此條賀孫録成化本載於卷八十七。
〔八九〕問　成化本爲「叔器問」。
〔九〇〕成化本此下注有「義剛同」。
〔九一〕成化本此下注有「以下祔」。
〔九二〕始祖之廟　成化本無。
〔九三〕庚　成化本爲「分一作可」。
〔九四〕此條賀孫録成化本無。
〔九五〕成化本此下注曰：「以下禫。」
〔九六〕此條方子録成化本無。
〔九七〕此條成化本無。
〔九八〕曰　成化本此下注曰：「賀孫録云：『想是無此禮。』」
〔九九〕爲妻　成化本無。
〔一〇〇〕成化本此下注有「賀孫同」。
〔一〇一〕人　成化本無。

〔一〇二〕此禮　成化本無。
〔一〇三〕此正是玄冠以弔此禮正與孔子所謂　成化本爲「此正與」。
〔一〇四〕成化本此下注有「弔」。
〔一〇五〕始　成化本無。
〔一〇六〕成化本此下注曰：「君臨臣喪。」
〔一〇七〕延平先生　成化本爲「李先生」。
〔一〇八〕成化本此下注有「飾棺。」
〔一〇九〕先生　成化本無。
〔一一〇〕許　成化本無。
〔一一一〕以壙磚　成化本爲「内以火磚」。
〔一一二〕棺下及四圍用土磚夾砌　成化本爲「棺木及外用土磚夾砌」。
〔一一三〕成化本此下注有「以下殯。」
〔一一四〕成化本此下注有「以下葬。」
〔一一五〕里居　成化本爲「居里」。
〔一一六〕問　成化本爲「堯卿問」。
〔一一七〕淳問　成化本爲「安卿云」。
〔一一八〕否　成化本無。
〔一一九〕淳　成化本爲「義剛」。

〔一二〇〕又　成化本無。

〔一二一〕當　成化本無。

〔一二二〕李守約　成化本爲「守約」。

〔一二三〕今　成化本作「合」。

〔一二四〕喫之　成化本無。

〔一二五〕餘　成化本作「饌」。

卷九十

［一］祭　成化本此上有「禮七」。

［二］輔漢卿　成化本爲「漢卿」。

［三］以下天地山川　成化本無。

［四］此條人傑録成化本載於卷三。

［五］庚　成化本無，且此條載於卷三。

［六］此條賀孫録成化本無，但以部分内容夾注於卷九十載賀孫録「如今士大夫家都要理會古禮……須改用教是始得」條，可參。

［七］此條文蔚録成化本無。

［八］此條人傑録成化本無。

［九］此説却好　成化本爲「却説得好」。

［一〇］此條道夫録成化本作爲注，夾於賀孫録中，參下條。

［一一］此　成化本爲「此説」。

［一二］禮　成化本此下注曰：「道夫録云：『五峰言無北郊，只社便是祭地，却説得好。』」

［一三］淳按黄義剛録同　成化本爲「義剛」。

［一四］感　成化本無。

〔一五〕祭是祭　成化本作「祭」。
〔一六〕則　成化本無。
〔一七〕成化本此下注曰：「以下論祭祀神示。」且此條淳録載於卷三。
〔一八〕社　成化本無。
〔一九〕户　成化本此上有「門是」。
〔二〇〕時　成化本無。
〔二一〕成化本此下注曰：「以下五祀。」
〔二二〕胡叔器　成化本爲「叔器」。
〔二三〕陛　成化本作「階」。
〔二四〕又　成化本作「及」。
〔二五〕符舜功　成化本爲「舜功」。
〔二六〕爲　成化本作「而」。
〔二七〕却　成化本無。
〔二八〕時　成化本無。
〔二九〕去　成化本無。
〔三〇〕若是分　成化本爲「若祭禮則分」。
〔三一〕思　成化本此下注曰：「一作『最可笑』。」
〔三二〕却便　成化本爲「便要」。

[三三] 去　成化本此下注曰：「一作『且慢』。」
[三四] 却　成化本作「便」。
[三五] 義剛録同……自問以下無　成化本無。
[三六] 成化本此下注曰：「以下祀先聖。」
[三七] 東　成化本爲「東向」。
[三八] 如此　成化本無。
[三九] 如　成化本無。
[四〇] 白鹿洞書院夫子廟欲塑象　成化本爲「白鹿塑象」。
[四一] 通禮　成化本無。
[四二] 敬　成化本作「意」。
[四三] 迫　成化本作「逼」。
[四四] 架　成化本無。
[四五] 以下天子宗廟之祭淳　成化本爲「淳義剛録同以下天子宗廟之祭」。
[四六] 此條淳録成化本無。
[四七] 義剛　成化本無。
[四八] 又　成化本無。
[四九] 説　成化本爲「説得」。
[五〇] 那個　成化本無。

〔五一〕以　成化本作「謂」。
〔五二〕了　成化本無。
〔五三〕且　成化本作「某」。
〔五四〕後　成化本無。
〔五五〕此是横渠恁地説　成化本無。
〔五六〕獲　成化本作「致」。
〔五七〕獲　成化本作「致」。
〔五八〕東漢　成化本無。
〔五九〕此條人傑録成化本載於卷一百二十八。
〔六〇〕而　成化本無。
〔六一〕此條賀孫録成化本載於卷八十九。
〔六二〕此條德明録成化本載於卷八十九。
〔六三〕二者而已　成化本無。
〔六四〕之主　成化本無。
〔六五〕當從趙匡之説　成化本爲「當以趙匡之説爲正」。
〔六六〕黄文云所自出之帝無廟方子　成化本爲「從周方子録云所自出之帝無廟」。且此條載於卷二十五。
〔六七〕此條賀孫録成化本無。
〔六八〕陳淳録同　成化本無。

[六九] 排 成化本無。
[七〇] 淳 成化本爲「義剛」，且此條載於卷八十三。
[七一] 成化本此下注曰：「以下士。」
[七二] 賀孫 成化本無。
[七三] 賀孫 成化本無。
[七四] 近 成化本爲「近古」。
[七五] 堦 成化本作「街」。
[七六] 又問 成化本無。
[七七] 又問 成化本無。
[七八] 南 成化本爲「南向」。
[七九] 儀 成化本爲「漢儀」。
[八〇] 世 成化本無。
[八一] 淳 成化本作「義剛」。
[八二] 時 成化本爲「當時」。
[八三] 成化本此下注有「碑」，且此條僩録載於卷八十九。
[八四] 欲 成化本爲「嘗欲」。
[八五] 字 成化本作「宗」。
[八六] 成化本此下注曰：「以下宗法。」

［八七］言　此下原有一字缺，似爲「立」字。
［八八］人　成化本無。
［八九］若　成化本無。
［九〇］庚　成化本無。
［九一］夔孫　成化本爲「義剛」。
［九二］是　成化本無。
［九三］代　成化本無。
［九四］問去祭用尸　成化本爲「李堯卿問今祭欲用尸如何」。
［九五］見　成化本此下有「説」。
［九六］君　成化本此下有「迎」。
［九七］與　成化本爲「但與」。
［九八］世　成化本作「出」。
［九九］亦　成化本作「猶」。
［一〇〇］事見杜佑理道要訣末篇　成化本，爲「事見杜佑所作理道要訣末篇杜佑」，且作大字。
［一〇一］夔孫　成化本爲「義剛」。
［一〇二］成化本此下注曰：「以下主式。」
［一〇三］又　成化本無。
［一〇四］廟　成化本無。

〔一〇五〕祭祀　成化本爲「祭禮」。

〔一〇六〕黄直卿　成化本爲「直卿」。

〔一〇七〕李丈　成化本爲「堯卿」。

〔一〇八〕淳義剛録同　成化本爲「義剛」。

〔一〇九〕行　成化本作「作」。

〔一一〇〕時　成化本此下注曰：「重用木，司馬儀用帛。」

〔一一一〕成化本此下注曰：「以下論家祭。」

〔一一二〕此條淳録成化本無。

〔一一三〕司馬文正　成化本爲「司馬公」。

〔一一四〕此條淳録成化本無。

〔一一五〕曰　成化本此下有「如何議論得恁地差異！公曉得不曉得」。

〔一一六〕義剛按此下闕文……恐同聞而録異耳　成化本爲「淳録云公曉得祖先便曉得義剛」。

〔一一七〕成化本此下注曰：「以下主祭。」

〔一一八〕許　成化本無。

〔一一九〕又　成化本無。

〔一二〇〕又　成化本無。

〔一二一〕端的是不食粥　成化本無。

〔一二二〕廷　成化本無。

〔一二三〕移　成化本此下注曰：「義剛録云：『依舊側盞不移。』」

〔一二四〕成化本此下注曰：「義剛同。士祭服。」

〔一二五〕胡叔器　成化本爲「叔器」。

〔一二六〕祭祖先　成化本無。

〔一二七〕善　成化本作「害」。

〔一二八〕東坡　成化本此下有「小宗」。

〔一二九〕祭　成化本此上有「便是」。

〔一三〇〕陳仲蔚　成化本爲「仲蔚」。

〔一三一〕看　成化本作「考」。

〔一三二〕戰　成化本作「戲」。

〔一三三〕成化本此下注曰：「以下論士祭世數。」

〔一三四〕問　成化本爲「堯卿問」。

〔一三五〕是伊川先生以義起之　成化本爲「伊川以義起」。

〔一三六〕到　成化本作「祭」。

〔一三七〕則　成化本無。

〔一三八〕士　成化本此上有「今」。

〔一三九〕四　成化本此上有「莫亦只祭得四代，但」。

〔一四〇〕夔孫　成化本爲「義剛以下祭始祖先祖」。

［一四一］以　成化本無。
［一四二］答云　成化本作「曰」。
［一四三］是　成化本無。
［一四四］淳　成化本爲「淳略」。
［一四五］此條閎祖録成化本無。
［一四六］道夫　成化本作「驤」。
［一四七］而　成化本此上有「高祖」。
［一四八］其　成化本此上有「苟」。
［一四九］近　成化本此下有「多少」。
［一五〇］皆當　成化本作「須當盡」。
［一五一］日　成化本無。
［一五二］此條淳録成化本無。
［一五三］嗣　成化本作「祀」。
［一五四］成化本此下注有「祗同」。
［一五五］伯羽　成化本爲「祗祭生母」。
［一五六］成化本此下注曰：「以下祭無後者。」
［一五七］而　成化本無。
［一五八］每常　成化本無。

［一五九］淳義剛録同 成化本爲「義剛」。
［一六〇］説 成化本作「見」。
［一六一］祭殤義剛陳淳録同 成化本爲「義剛祭殤」。
［一六二］成化本此下注曰：「以下雜論。」
［一六三］李丈問曰 成化本爲「堯卿問」。
［一六四］取養於家 成化本爲「在家間養」。
［一六五］外家 成化本爲「婦家」。
［一六六］外家 成化本爲「婦家」。
［一六七］祠 成化本作「祀」。
［一六八］胡 成化本爲「叔器」。
［一六九］日 成化本無。
［一七〇］成化本此下注曰：「義剛同。以下俗祭。」
［一七一］之 成化本無。
［一七二］前 成化本無。
［一七三］亦 成化本此上有「夜」。
［一七四］又 成化本無。
［一七五］曰 成化本爲「先生曰」。
［一七六］成化本此下注曰：「以下墓祭。」

〔一七七〕義剛　成化本無。
〔一七八〕土　成化本此下有「否」。
〔一七九〕陳淳録同而略……通典載亦有更考　成化本爲「淳少異」。
〔一八〇〕此條義剛録成化本無。
〔一八一〕少　原脱，據成化本補。
〔一八二〕陳録以上自作一條　成化本爲「義剛」。
〔一八三〕竅　成化本此下有「以」。
〔一八四〕義剛陳淳録同　成化本爲「義剛同」。
〔一八五〕此條賀孫録成化本以部分内容爲注，附於楊録録尾，參成化本卷九十楊録「祭只三獻……韓魏公禮不同」條。
〔一八六〕陳淳録同　成化本無。
〔一八七〕成化本此下注有：「以下忌祭。」
〔一八八〕此條賀孫録成化本載於卷八十七。
〔一八九〕成化本此下注曰：「以下喪廢祭。」且此條閎祖録載於卷八十九。
〔一九〇〕數　成化本此下注曰：「今按，此語非謂只可行三二分，但既不得盡如古，則喪祭亦皆當存古耳。」且此條廣録載於卷八十九。
〔一九一〕此條賀孫録成化本載於卷八十九。

卷九十一

［一］雜儀　成化本此上有「禮八」。
［二］尚　成化本無。
［三］庚　成化本爲「以下服」。
［四］黄無天子以下八字　成化本無。
［五］騎　成化本此下注曰：「黄録作『旗』。」
［六］賜　成化本此下注曰：「黄録云：『所付之人又須有以易也。』」
［七］黄義剛録同　成化本爲「義剛同」。
［八］頭　成化本作「頂」。
［九］猶　成化本此上有「士人」。
［一〇］淳　成化本爲「義剛」。
［一一］胡先生　成化本無。
［一二］赵班　成化本爲「赴班」。
［一三］按輔廣録略……有冠有佩　成化本爲「廣録略」。
［一四］賀孫　成化本無。
［一五］地　成化本無。

〔一六〕賀孫　成化本無。

〔一七〕竇太后以戲帽贈文帝　成化本爲「薄太后以帽絮提文帝」。

〔一八〕後唐莊宗取伶人者用之　成化本爲「唐莊宗取伶官者用」。

〔一九〕未　成化本作「長」。

〔二〇〕神廟朝　成化本爲「太祖朝」。

〔二一〕神廟　成化本爲「此時」。

〔二二〕又聞李先生云楊龜山初得官時亦冠帶乘轎還人事　成化本無。

〔二三〕團　成化本作「圈」。

〔二四〕成化本此下注有「賀孫」。

〔二五〕然　成化本無。

〔二六〕上　成化本作「下」。

〔二七〕些　成化本無。

〔二八〕只　成化本無。

〔二九〕此條明作録卷三十八重複載入。

〔三〇〕有　成化本作「是」。

〔三一〕止　成化本作「正」。

〔三二〕問　成化本爲「安卿問」。

〔三三〕首　成化本此下有「成王『拜手稽首』」。

〔三四〕又不知如何也　成化本爲「不知如何」。
〔三五〕淳義剛録同　成化本爲「義剛」。
〔三六〕賀孫　成化本無。
〔三七〕黄本止此　成化本無。
〔三八〕同而　成化本無。
〔三九〕室　成化本作「姓」。
〔四〇〕陳淳録同　成化本無。
〔四一〕此條敬仲録成化本載於卷一百二十八。
〔四二〕即　成化本爲「即退」。
〔四三〕此條賀孫録成化本載於卷一百二十八。
〔四四〕此條廣録成化本載於卷一百二十八。
〔四五〕絶禮　成化本爲「禮絶」。
〔四六〕輩　成化本無。
〔四七〕廖子晦將赴莆陽宰　成化本爲「子晦將赴莆陽」。
〔四八〕今屬邑見郡守有階墀之禮合當如何　成化本爲「今屬邑見郡守不問官序例堦墀如何」。
〔四九〕黄直卿　成化本爲「直卿」。
〔五〇〕此條義剛録成化本載於卷一百十三。
〔五一〕如　成化本爲「略如」。

〔五二〕曰有　成化本爲「有曰」。
〔五三〕右　王本作「左」。
〔五四〕左　王本作「右」。
〔五五〕成化本此下注有「以下雜論」。
〔五六〕者　成化本此下注：「寓録云：『古人亦只跪坐，未有盤坐。』」
〔五七〕此　成化本此下注：「寓録云：『古人撙節處自如此密。』」
〔五八〕按徐寓録同而略……盤坐亦何害　成化本爲「寓録少異」。
〔五九〕而同三百人中當國士也　成化本無。
〔六〇〕此條人傑録成化本載於卷十三。
〔六一〕人傑　成化本無。
〔六二〕請　成化本爲「請之」。

卷九十二

［一］淳　成化本爲「義剛」。
［二］黍　成化本無。
［三］晉帝　成化本爲「晉武帝」。
［四］皇帝　成化本無。
［五］定　成化本爲「所定」。
［六］得　成化本無。
［七］庚　成化本無。
［八］此條人傑録成化本作爲夾注於螢録中，參成化本卷九十二螢録「因論樂律……温公又在下」條。
［九］道夫　成化本無。
［一〇］類　成化本作「數」。
［一一］應　萬曆本爲「應鐘」。
［一二］只　成化本無。
［一三］元聲一定　成化本爲「元聲元聲一定」。
［一四］成化本此下注有饒録所載，底本另作一條，參本卷植録「子路問聞斯行諸……向下都差」條。
［一五］文蔚　成化本無。

〔一六〕能　成化本無。

〔一七〕之　成化本無。

〔一八〕義剛　成化本無。

〔一九〕音　成化本作「調」。

〔二〇〕祉角音　成化本爲「祉音角音」，王本爲「徵音角音」。此録中「祉」，王本作「徵」。

〔二一〕這個　成化本無。

〔二二〕那　成化本無。

〔二三〕庚　成化本無。

〔二四〕乃　成化本此上有「蘇祇婆」。

〔二五〕何安　王本爲「何妥」。

〔二六〕又曰　成化本無。

〔二七〕自　成化本無。

〔二八〕數　成化本作「説」。

〔二九〕之　成化本無。

〔三〇〕范忠宣公　成化本爲「范忠文」。

〔三一〕唐　成化本無。

〔三二〕五代　成化本無。

[三三] 音　成化本此下有「起」。

[三四] 暗　成化本作「臆」。

[三五] 陳□　□，成化本爲墨丁，萬曆本作「淳」。

[三六] 重　成化本作「裏」。

[三七] 子路問聞斯行諸……近於樂處　成化本爲「饒本云」。

[三八] 之　成化本作「云」。

[三九] 合　成化本無。

[四〇] 是　成化本此上有「清聲」。

[四一] 宫　成化本無。

[四二] 或蕤賓爲之固則是高聲似宫聲　成化本爲「或蕤賓爲之商則是商聲高似宫聲」。

[四三] 確　成化本作「雖」。

[四四] 又問聲氣之元……向下都差　成化本無。

[四五] 此條植録成化本作爲注，附於植録後，參本卷植録「旋相爲宫……向下都差」條。

[四六] 庚　成化本無。

[四七] 樂　此字原缺，據成化本補。

[四八] 胡文定公　成化本爲「胡安定」。

[四九] 司馬温公　成化本「司馬公」。

〔五〇〕條　成化本無。

〔五一〕通　成化本作「生」。

〔五二〕與　成化本無。

卷九十三

［一］孔孟周程　成化本爲「孔孟周程張子」。
［二］卿　成化本爲「蜚卿」。
［三］云云　成化本無。
［四］道夫　成化本無。
［五］成化本此下注曰：「端蒙録一條疑同聞。見集注讀語孟法。」且此條道夫録載於卷十九。
［六］先生曰　成化本無。
［七］只　成化本無。
［八］你　成化本無。
［九］孟子　成化本爲「至孟子」。
［一〇］都是恁地草率看説了　成化本爲「都只恁地草率看過了」。
［一一］此條雉録成化本載於卷十九。
［一二］擴　成化本作「廣」。
［一三］才　成化本無。
［一四］却　成化本作「恰」。
［一五］此條道夫録成化本載於卷五十三。

〔一六〕此條德明録成化本載於卷十九。
〔一七〕大　成化本無。
〔一八〕此個道理　成化本爲「此理」。
〔一九〕事　成化本爲「逐事」。
〔二〇〕至　成化本無。
〔二一〕大段分明指出　成化本「太煞分明」。
〔二二〕從出處推上去　成化本爲「從此推上」。
〔二三〕四　成化本作「天」。
〔二四〕動處　成化本爲「陽動」。
〔二五〕去　成化本無。
〔二六〕總　成化本此上有「大」。
〔二七〕若　成化本爲「若今」。
〔二八〕盡　成化本爲「必能」。
〔二九〕理　成化本此下有「條件」。
〔三〇〕此　成化本無。
〔三一〕此條成化本載於卷九。
〔三二〕方子　成化本作「燀」，且此下注曰：「謨録云：『學者固當存養性情。然處事接物、動止應酬，皆是着工夫處，不獨性情也。』」

〔三三〕看得覺　成化本爲「看覺得」。

〔三四〕答　成化本無。

〔三五〕答　成化本無。

〔三六〕孔子　成化本爲「孔門」。

〔三七〕成化本此下注有「讀論語」，且此條儒用録載於卷十九。

〔三八〕是　成化本爲「已是」。

〔三九〕毅　成化本此下有「孟子也恁地剛毅」。

〔四〇〕又云　成化本無。

〔四一〕此條卓録成化本載於卷十九。

〔四二〕至　成化本無。

〔四三〕既　成化本無。

〔四四〕韓子謂門弟子不能遍觀而盡識故學焉而皆得其性之所近　成化本無。

〔四五〕論　成化本作「諸」。

〔四六〕曰　成化本無。

〔四七〕得　成化本無。

〔四八〕要　成化本作「自」。

〔四九〕此條人傑録成化本以部分内容爲注，附於必大録尾，參成化本卷九十三必大録「夫子度量極大……如堯容四凶在朝相似」條。

〔五〇〕此條夔孫録成化本載於卷十九。
〔五一〕成化本此下注有「孟子」。
〔五二〕云云　成化本無。
〔五三〕自　成化本作「想」。
〔五四〕作如何　成化本爲「如何作」。
〔五五〕成化本此下注有「周程」。
〔五六〕某　成化本爲「可學」。
〔五七〕哉　成化本作「或」，屬下讀。
〔五八〕語　成化本爲「公問」。
〔五九〕忠定公常　成化本爲「忠定」。
〔六〇〕某　成化本爲「可學」。
〔六一〕尚　成化本作「尊」。
〔六二〕欲得爲二帝三代時　成化本爲「欲復二帝三代」。
〔六三〕人了　成化本無。
〔六四〕透　成化本此下有「在」。
〔六五〕此條方子録成化本載於卷一百二十九。
〔六六〕近有一見　成化本無。
〔六七〕止　成化本作「至」。

［六八］小　成化本作「了」。
［六九］答　成化本無。
［七〇］得　成化本無。
［七一］耳　成化本無。
［七二］削　成化本此下有「見」。
［七三］伊川先生　成化本爲「伊川」。
［七四］明道先生　成化本爲「明道」。
［七五］檢　成化本爲「點檢」。
［七六］是　成化本作「見」。
［七七］明道先生　成化本爲「明道」。
［七八］之　成化本無。
［七九］楊至之　成化本爲「至之」。
［八〇］法陳作道　成化本作「道」。
［八一］按陳淳録同　成化本無。
［八二］近　成化本無。
［八三］底　成化本無。
［八四］此條淳録成化本作爲注，夾附於義剛録中，參成化本卷三十一義剛録「叔器問顔子樂處……也是有個見成底樂」條。又，據成化本義剛録，底本卷三十一所載淳録「胡問顔子之樂……亦是他自有個見成底

樂」條與此條本爲一條。
〔八五〕德明　成化本無。
〔八六〕曾子　成化本爲「顔子」。
〔八七〕此條德明録成化本分爲兩條，其中「曾子本是魯拙……因賓問子貢之學無傳」爲一條，「問若使曾子爲邦……且看他做工夫處」爲一條。
〔八八〕其實不似孟子才高……不似孟子放脚放手　成化本爲「其實不似孟子放脚放手」。
〔八九〕以　成化本此上有「自」。
〔九〇〕胡叔器　成化本爲「叔器」。
〔九一〕先生　成化本無。
〔九二〕陳安卿　成化本爲「安卿」。
〔九三〕先生　成化本無。
〔九四〕楊至之　成化本爲「至之」。
〔九五〕先生　成化本無。
〔九六〕成化本此下注有「張子」。

卷九十四

〔一〕是　成化本作「有」。
〔二〕邵康節　成化本爲「康節」。
〔三〕便　成化本此上有「土」。
〔四〕聯　成化本作「連」。
〔五〕土　成化本作「止」。
〔六〕成化本此下注曰：「可學録别出。」且成化本下條載可學録「舜弼論太極云……便成兩截矣」條，參本卷。
〔七〕無　此字原缺，據成化本補。
〔八〕太　成化本此上有「問」。
〔九〕一動一静　成化本爲「一静一動」。
〔一〇〕窮　成化本爲「窮極」。
〔一一〕别　成化本爲「别有」。
〔一二〕無　成化本此下有「氣」。
〔一三〕砥寓録同　成化本作「寓」。
〔一四〕淳　成化本無。

〔一五〕只　成化本作「即」。
〔一六〕大　成化本此下注曰：「一作『著夫』。」
〔一七〕是　成化本作「更」。
〔一八〕陳淳　成化本無。
〔一九〕太　成化本此上有「某常説」。
〔二〇〕物　成化本無。
〔二一〕而　成化本無。
〔二二〕公晦　成化本爲「方子」。
〔二三〕本　成化本作「木」。
〔二四〕略　成化本無。
〔二五〕也　成化本無。
〔二六〕立　成化本作「止」。
〔二七〕此條賀孫録成化本載於卷七十五。
〔二八〕理　此下原有一「人」字，據上下文及成化本删。
〔二九〕太極　成化本爲「大抵」。
〔三〇〕舜賓　成化本爲「舜弼」。
〔三一〕曰　成化本無。
〔三二〕邵康節　成化本爲「康節」。

〔三三〕分　成化本作「乃」。
〔三四〕作　成化本無。
〔三五〕按萬人傑録同　成化本無。
〔三六〕因　成化本無。
〔三七〕想只是其舊時説耳　成化本爲「想是某舊説」。
〔三八〕也　成化本無。但成化本「静」下有「喜怒哀樂未發也有個太極，喜怒哀樂已發也有個太極。只是一個太極，流行於已發之際，斂藏於未發之時」。
〔三九〕恪　成化本無。
〔四〇〕無極而太極動而生陽　成化本無。
〔四一〕戞兄亞夫　成化本作「戞」。
〔四二〕兩儀者一陰一陽　成化本爲「兩儀即陰陽」。
〔四三〕戞兄　成化本作「戞」。
〔四四〕却　成化本作「却是」。
〔四五〕始　成化本作「是」。
〔四六〕静　成化本此上有「陰」。
〔四七〕如何是　成化本爲「動静者」。
〔四八〕峙　成化本作「待」。
〔四九〕如　成化本無。

〔五〇〕則陽爲魂陰爲魄　成化本爲「陽是魂，陰是魄」。
〔五一〕此條夔孫録成化本載於卷六十五，注爲義剛所録。底本卷六十五所載則注爲恪録，參該卷恪録「陰陽有個流行底……則伸爲魂屈爲魄」條。
〔五二〕賀孫　成化本無。
〔五三〕自吾身之外……未有如這個是有之極　成化本無。
〔五四〕賀孫云　成化本作「曰」。
〔五五〕賀孫云　成化本作「曰」。
〔五六〕乘　成化本此上有「乘如」。
〔五七〕賀孫　成化本無。
〔五八〕賀孫　成化本無。
〔五九〕賀孫　成化本無。
〔六〇〕答　成化本無。
〔六一〕陸象山　成化本爲「象山」。
〔六二〕賀孫　成化本無。
〔六三〕賀孫　成化本無。
〔六四〕求　成化本作「未」。
〔六五〕今　成化本無。
〔六六〕今　成化本無。

〔六七〕也　成化本無。
〔六八〕概　成化本此下注曰：「閎祖録作『全體』。」
〔六九〕此條祖道録卷六重複載入，成化本載於卷六。
〔七〇〕按徐寓録同　成化本無。且此條成化本載於卷八十七。
〔七一〕此條謙録成化本無。
〔七二〕此條可學録成化本載於卷一。
〔七三〕成化本此下注曰：「或録云：『真，理也；精，氣也。理與氣合故能成形。』」
〔七四〕輕重　王本作「輕重者」。
〔七五〕人　成化本作「物」。
〔七六〕可學　成化本無。
〔七七〕種　成化本爲「人種」。
〔七八〕蒸　成化本此下注曰：「池作『凝』。」
〔七九〕物事　成化本作「萬物」。
〔八〇〕因如此得　成化本爲「因此知得」。
〔八一〕銖　成化本作「錐」。
〔八二〕氣　成化本爲「氣稟」。
〔八三〕則　成化本無。
〔八四〕人傑按謨去僞録並同　成化本爲「去僞」。

[八五]節　成化本無。
[八六]周先生作　成化本無。
[八七]常　成化本作「行」。
[八八]此條可學録成化本無。
[八九]正　成化本此下有「莫是此圖本爲發明易道，故但言『中正』」。
[九〇]通書　成化本無。
[九一]極　成化本無。
[九二]時舉　成化本無。
[九三]太極説　成化本無。
[九四]録　成化本無。
[九五]之　成化本作「爲」。
[九六]之　成化本作「爲」。
[九七]仁就　成化本爲「就仁」。
[九八]止　成化本作「上」。
[九九]則不知如此説得否　成化本無。
[一〇〇]此條廣録成化本載於卷六。
[一〇一]是　成化本爲「則是」。
[一〇二]成化本此下注曰：「今按，『皆謂發用』及『之處』、『之事』等語皆未曉，更考。」

〔一〇三〕有　成化本爲「有個」。
〔一〇四〕人傑謨去僞録並同　成化本爲「去僞」。
〔一〇五〕本　王本作「主」。
〔一〇六〕去見得如此　成化本爲「先見得」。
〔一〇七〕見得恁地　成化本爲「見得是恁地否」。
〔一〇八〕學便須是從下面理會　成化本爲「學者須是從下學理會」。
〔一〇九〕個　成化本作「到」。
〔一一〇〕此條夔孫録成化本分爲兩條，分置兩卷，其中「聖人定之以中正仁義……如云禮先而樂後」爲一條，載於卷九十四，注爲義剛所録；「問周子是從上面先見得……却從上貫下來」爲一條，載於卷九十三，注爲夔孫録。
〔一一一〕義剛録同　成化本爲「周子」。
〔一一二〕淳　成化本無。
〔一一三〕見　成化本作「只」。
〔一一四〕然　成化本無。
〔一一五〕貞　成化本此下有「智要正」。
〔一一六〕如先生曰　成化本爲「先生曰如」。
〔一一七〕恰不到　成化本爲「却不得」。
〔一一八〕是　成化本此上有「長長」。

〔一一九〕又云　成化本無。
〔一二〇〕有生　成化本爲「生生」。
〔一二一〕不　成化本此上有「死則」。
〔一二二〕其　成化本作「爲」。
〔一二三〕授　成化本作「受」。
〔一二四〕言　成化本作「然」。
〔一二五〕結　成化本爲「結構」。
〔一二六〕通書誠上一章　成化本無。
〔一二七〕乾道變化……通緻上文　成化本爲「『乾道變化，各正性命，誠斯立焉』言氣化，『純粹至善者』通緻上文」。
〔一二八〕通書　成化本無。
〔一二九〕繼之者善也成之者性也　成化本無。
〔一三〇〕周子誠上篇　成化本無。
〔一三一〕通　成化本無。
〔一三二〕不誠是不誠　成化本爲「不成是不識」。
〔一三三〕此條可學録成化本載於卷九十七。
〔一三四〕文　成化本作「處」。
〔一三五〕黄直卿　成化本爲「直卿」。

〔一三六〕事　成化本此下注曰：「又記是『氣』字。」

〔一三七〕到　成化本此下有「這裏來」。

〔一三八〕成　成化本作「生」。

〔一三九〕養字　成化本無。

〔一四〇〕又　成化本無。

〔一四一〕功　成化本作「初」。

〔一四二〕銖録同　成化本無。

〔一四三〕人傑　成化本此條前有「誠下」篇名。

〔一四四〕誠無爲幾善惡　成化本無。

〔一四五〕蓋　成化本無。

〔一四六〕初　成化本無。

〔一四七〕功　此字原缺，成化本爲墨丁，據萬曆本補。

〔一四八〕道夫　成化本此條前有「誠幾德」篇名。

〔一四九〕德愛曰仁宜曰義理曰禮通曰智守曰信　成化本無。

〔一五〇〕賀孫　成化本無。

〔一五一〕賀孫　成化本無。

〔一五二〕賀孫云　成化本作「問」。

〔一五三〕如何　成化本無。

〔一五四〕去歲見蔡丈季通説通書　成化本爲「季通説」。
〔一五五〕云　成化本無。
〔一五六〕蔡季通　成化本爲「季通」。
〔一五七〕云　成化本無。
〔一五八〕然　成化本無。
〔一五九〕時　成化本無。
〔一六〇〕皆善二字又記是無惡　成化本爲「又記是無惡字」。
〔一六一〕爲　成化本無。
〔一六二〕寓　成化本爲「夔孫」。
〔一六三〕或　成化本無。
〔一六四〕成化本此下注有「閎祖」。成化本此條前有「聖誠幾德」篇名。
〔一六五〕通書中聖第四章……動静體用之間　成化本爲「通書説幾」。
〔一六六〕不説　成化本爲「無此意」。
〔一六七〕是　成化本爲「便是」。
〔一六八〕通書云　成化本無。
〔一六九〕存主處是誠　成化本爲「誠是存主處」。
〔一七〇〕此條淳録成化本無，但成化本以部分内容爲注，夾於砥録中，參卷九十四載砥録「安卿問神誠幾……然緊要處在幾」條。

［一七一］是自　成化本爲「題目」。

［一七二］成化本此條前有「慎動」篇名。

［一七三］於　成化本作「又」。

［一七四］主　成化本此下注曰：「池作『立』。」

［一七五］人傑謨僩録並同　成化本爲「去僩」。又，成化本此條前有「師」篇名。

［一七六］七章　成化本無。

［一七七］通書師章　成化本無。

［一七八］易又加倍以爲八卦而此書及圖則止於四象　成化本無。

［一七九］凡物皆然　成化本無。

［一八〇］善惡　成化本無。

［一八一］觀此則通書所説可知矣　成化本無。

［一八二］聞　成化本無。

［一八三］幸　成化本無。又，成化本此條前有「幸」篇名。

［一八四］通書云　成化本無。

［一八五］銖録同以下思　成化本無。又，成化本此條前有「思」篇名。

［一八六］方計頭處　成化本爲「有端緒方有討頭處」。

［一八七］處　成化本爲「聖處」。

［一八八］僩　成化本此條前有「志學」篇名。

[一八九] 通書云 成化本無。

[一九〇] 不 成化本此上有「某」。

[一九一] 都 成化本作「全」。

[一九二] 成化本此下注曰：「耿名秉。」

[一九三] 此條節録成化本無。

[一九四] 又 成化本無。

[一九五] 通書云 成化本無。

[一九六] 時舉 成化本此條前有「動静」篇名。

[一九七] 住 成化本作「極」。

[一九八] 住 成化本作「極」。

[一九九] 不屬陰陽 成化本爲「不屬陰不屬陽」。

[二〇〇] 動 成化本此下有「夜静」。

[二〇一] 間 成化本此下有「神不與之俱静」。

[二〇二] 却 成化本此上有「晝夜」。

[二〇三] 妙 成化本此上有「神」。

[二〇四] 通書 成化本無。

[二〇五] 寓 成化本無。

[二〇六] 通書動静一段言 成化本無。

［二〇七］言神者　成化本作「神」。
［二〇八］則　成化本無。
［二〇九］寓　成化本無。
［二一〇］物　成化本無。
［二一一］其　成化本無。
［二一二］陰　成化本此下有「云云」。
［二一三］曰　成化本爲「先生曰」。
［二一四］然　成化本無。
［二一五］這　成化本無。
［二一六］别　成化本無。
［二一七］此最　成化本無。
［二一八］楊至之　成化本爲「至之」。
［二一九］通書　成化本無。
［二二〇］土　成化本作「上」。
［二二一］可學　成化本此條前有「樂」篇名。
［二二二］此條可學録成化本無。
［二二三］以下遂以　成化本無。
［二二四］淳　成化本此條前有「聖學」篇名。

[一二五]濂溪　成化本無。
[一二六]個　成化本此上有「這」。
[一二七]驤　成化本無。
[一二八]一　成化本此下有「便是無欲」。
[一二九]無欲與敬字分外分明　成化本爲「無欲之與敬二字分明」。
[一三〇]道夫　成化本作「驤」。
[一三一]那　成化本無。
[一三二]了　成化本無。
[一三三]去　成化本無。
[一三四]了　成化本無。
[一三五]通書明通公溥庶矣乎舊見履之所記先生語　成化本爲「履之記先生語」。
[一三六]理性命一章　成化本「理性命」爲篇名，無「一章」。
[一三七]命　成化本無。
[一三八]節　成化本無。
[一三九]通書　成化本無。
[一四〇]蓋　成化本作「疇」。
[一四一]成　成化本作「是」。
[一四二]之　成化本無。

［二四三］不知人如何讀書這個都似不理會得這個道理　成化本爲「不知人如何讀這個都似不理會得這道理」。

［二四四］通書　成化本無。

［二四五］説　成化本無。

［二四六］其　成化本作「具」。

［二四七］分　成化本爲「已分」。

［二四八］方能齊一　成化本爲「方能齊齊亦一之意」。

［二四九］人傑謨去僞録並同顏子　成化本爲「去僞」。又，成化本此條前有「顏子」篇名。

［二五〇］通書云　成化本無。

［二五一］人傑　成化本此條前有「勢」篇名。又，成化本「勢」上又有「師友」一目，其下載一條節録，參底本卷一百八節録「杜斿問濂溪言道至貴者……後來必驗」條。

［二五二］問　成化本爲「或問」。

［二五三］得　成化本爲「盡得」。

［二五四］言如天地生物即在物上盡見天地純粹之氣　成化本爲「譬如天地生一瑞物即此物上盡可以見天地純粹之氣」。疑底本有脱誤，而「言」則爲「譬」之誤。

［二五五］而後發也　成化本爲「然後謂之發也」。

［二五六］人傑謨去僞録同而少異聖蘊　成化本爲「去僞」。又，成化本此條前有「聖蘊」篇名，「聖蘊」上又有「文辭」一目，其下載一條端蒙録，參成化本卷九十四端蒙録「文所以載道……虚車也」條。

［二五七］方子　成化本此條前有「精藴」篇名。
［二五八］濂溪説聖人之精畫卦以示　成化本無。
［二五九］未　成化本爲「本末」。
［二六〇］搭　成化本此上有「因此卦遂將許多道理」。
［二六一］從周　成化本作「至」。
［二六二］砥　成化本無。
［二六三］畫卦以示　成化本無。
［二六四］因卦以發　成化本無。
［二六五］成化本此下注曰：「饒録云：『方其初畫出來未有今易中許多事。到文王、孔子推得出來，而其理亦不外乎始畫。』」
［二六六］聖人之精……因卦以發　成化本無。
［二六七］用之問通書　成化本無。
［二六八］僩　成化本此條前有「乾損益動」篇名。
［二六九］乾損益動一章　成化本無。
［二七〇］一　成化本無。
［二七一］通書乾損益動章　成化本爲「此章」。
［二七二］通書　成化本無。
［二七三］看　成化本無。

〔二七四〕其　成化本無。

〔二七五〕下文　成化本爲「不及」。

〔二七六〕了　成化本無。

〔二七七〕有　成化本無。

〔二七八〕淳寓同而略　成化本作「寓」。又，成化本此條前有「蒙艮」篇名。

〔二七九〕遺文　成化本無此目，另有「後録」一目，其下載四條語録。參成化本卷九十四端蒙録「濂溪言寡欲以至於無……但亦是合當如此者」條，及端蒙録「誠立明通……知天命以上之事條，寓録「劉問心既誠矣……亦無虚僞」條，寓録「問會元之期……亦似此般模樣」條。另，寓録「問會元之期……亦似此般模樣」條，底本載於卷一百，注爲淳録。

卷九十五

［一］係　成化本無。
［二］説　成化本無。
［三］以下第一卷　成化本無。
［四］此條人傑録成化本以部分内容爲注，附於成化本卷五十七載謨録尾，參該卷謨録「金問公都子問性……但欠一個氣字耳」條。
［五］道夫曰　成化本無。
［六］公　成化本無。
［七］一　成化本作「千」。
［八］道夫　成化本無，且此條載於卷一百十五。
［九］仁之包四德猶冢宰之統六官又曰　成化本無。
［一〇］義禮智　成化本爲「禮智義信」。
［一一］在　成化本作「爲」。
［一二］小大　成化本爲「大小」。
［一三］此條處謙録成化本載於卷六，注爲閎祖録，而底本卷五十三另載閎祖録，可參。
［一四］節　成化本無。

〔一五〕答　成化本無。
〔一六〕僩録同　成化本無。
〔一七〕節　成化本無。
〔一八〕所　成化本無。
〔一九〕者　成化本爲「二者」。
〔二〇〕此條德明録成化本載於卷五十六。
〔二一〕而　成化本作「面」，屬上讀。
〔二二〕種　成化本作「熟」。
〔二三〕成化本此下附有寓録。底本寓録另作一條，載於卷二十，參該卷「安卿問仁包四者就初意上看……隨地施爲」條。又，此條淳録成化本載於卷二十。
〔二四〕道夫　成化本無。
〔二五〕意　成化本爲「此意」。
〔二六〕道夫　成化本無。
〔二七〕蓋　成化本無。
〔二八〕自　成化本此上有「他」。
〔二九〕又　成化本無。
〔三〇〕公　成化本無。
〔三一〕這　成化本無。

〔三二〕遜　成化本此下有「則爲辭遜」。

〔三三〕氣　成化本此下注曰：「振録作『春生之氣』。」

〔三四〕心　成化本作「初」。

〔三五〕春　成化本此上有「爲」。

〔三六〕過　成化本此下注曰：「李録云：『長得過。』」

〔三七〕復從春處起　成化本爲「從春起」。

〔三八〕意　成化本作「氣」。

〔三九〕按李方子録同　成化本爲「方子振同」。

〔四〇〕時舉　成化本無。

〔四一〕此條時舉録成化本載於卷五十三。

〔四二〕此條時舉録成化本載於卷六。

〔四三〕經　成化本爲「六經」。

〔四四〕者　成化本無。

〔四五〕智　成化本此下有「者」。

〔四六〕成化本此下有「節同，佐同」，且此條方子録載於卷六。

〔四七〕前日仁説未達　成化本爲「仁者心之德愛之理」。

〔四八〕公　成化本此上有「『愛之理』便是『心之德』」。

〔四九〕看　成化本此下有「春」。

[五〇]也　成化本此下有「明道所以言義禮智皆仁也。今且粗譬喻，福州知州便是福建路安撫使，更無一個小底做知州，大底做安撫也」。
[五一]今先是講明得個仁義　成化本爲「今學者須是先自講明得一個仁」。
[五二]是　成化本爲「也是」。
[五三]亦　成化本作「也」。
[五四]見得　成化本爲「先見得此仁」。
[五五]同　成化本此下有「『了。』又言：『學者「克己復禮」上做工夫，到私欲盡後便粹然是天地生物之心，須常要有那温厚底意思方好』」。且此條載於卷二十，注爲時舉所録。
[五六]偏　成化本此上有「問」。
[五七]則　成化本爲「則曰」。
[五八]見　成化本作「包」。
[五九]三　成化本作「二」。
[六〇]此條敬仲録成化本載於卷九十四。
[六一]須　成化本爲「須是」。
[六二]此條道夫録成化本載於卷九十四。
[六三]義剛　成化本無。
[六四]個　成化本無。
[六五]個　成化本無。

［六六］壁後　成化本此下注曰：「池本作『天外』。夔孫録作『四邊』。」
［六七］物　成化本作「説」。
［六八］是　成化本作「只是」。
［六九］對　成化本無。
［七〇］來　成化本此下注曰：「夔孫録云：『謂地浮在氣上。』」
［七一］夔孫録同而略……朱子爲學工夫　成化本爲「夔孫録略」，且此條義剛録載於卷九十四。又，夔孫所録可參底本卷一百四「問説太極……謂地浮在氣上也」。
［七二］道夫　成化本無。
［七三］忠信所以進德……對越在天也　成化本爲「忠信所以進德至對越在天也」。
［七四］這　成化本無。
［七五］寓　成化本無。
［七六］近思録伊川言……終日對越在天　成化本作「此」。
［七七］此　成化本無。
［七八］有相　成化本無。
［七九］知　成化本爲「知盡」。
［八〇］去　成化本無。
［八一］賀孫　成化本無。
［八二］夜來問……終日對越在天　成化本無。

［八三］其　成化本無。
［八四］此　成化本無。
［八五］此　成化本無。
［八六］道　成化本無。
［八七］亦　成化本作「又」。
［八八］中　成化本無。
［八九］精　成化本無。
［九〇］成化本此下注曰：「寓録云：『直卿云：「看來『神』字本不專説氣，也可就理上説。先生只就形而下者説。」先生曰：「所以某就形而下説，畢竟就氣處多，發出光彩便是神。」味道問：「神如此説，心又在那裏？」曰：「神便在心裏，凝在裏面爲精，發出光彩爲神。精屬陰，神屬陽。説到魂魄鬼神，又是説到大段粗處。」』」
［九一］程子曰上天之載無聲無臭　成化本無。
［九二］於　成化本無。
［九三］成化本此下注曰：「㽦録别出。」且成化本下條爲㽦録，參成化本卷九十五㽦録「正淳問其體則謂之易……爲他元没這光底道理」條。
［九四］又曰　成化本無。
［九五］命　成化本此上有「謂之」。
［九六］賜　成化本爲「夔孫」。

［九七］此條賀孫録成化本以部分内容爲注，夾於端蒙録中，參成化本卷九十五端蒙録「其體則謂之易……亦是意也」條。

［九八］也　成化本此下有「所謂易者，變化錯綜，如陰陽晝夜、雷風水火，反復流轉，縱横經緯而不已也。人心則語默動静，變化不測者是也。體是形體也，賀孫録云：「體非體用之謂。」言體則亦是形而下者，其理則形而上者也。故程子曰『易中只是言反復往來上下』，亦是意也」。

［九九］公謹　成化本爲「端蒙」。

［一〇〇］此條賜録成化本無。

［一〇一］此條人傑録成化本載於卷九十七。

［一〇二］木之問　成化本無。

［一〇三］程子生之謂性章説　成化本無。

［一〇四］説　成化本無。

［一〇五］已　成化本作「也」。

［一〇六］遺書　成化本無。

［一〇七］惡　成化本作「固」。

［一〇八］在書堂　成化本無。

［一〇九］就　成化本作「説」。

［一一〇］某　成化本作「甚」，屬上讀。

［一一一］此條可學録與下條，成化本併爲一條。

〔一一二〕說　成化本此下注曰：「饒本云：『此是說氣。』」
〔一一三〕不　成化本此上有「不已便是流行」。
〔一一四〕文蔚　成化本爲「可學」。
〔一一五〕上　成化本此下有「不容」。
〔一一六〕性　成化本無。
〔一一七〕性　成化本此下有「字」。
〔一一八〕氣質之性　成化本爲「理之性」。
〔一一九〕理性　成化本爲「氣質之性」。
〔一二〇〕便　成化本無。
〔一二一〕自已　成化本爲「已自」。
〔一二二〕說　成化本此下有「『人生而静以上』只說得個『人生而静』，上而不通說」。
〔一二三〕純　成化本作「纔」。
〔一二四〕已　成化本爲「便已」。
〔一二五〕謨去僞録同　成化本爲「去僞」。
〔一二六〕者　成化本作「字」。
〔一二七〕得　成化本爲「見得」。
〔一二八〕道夫　成化本無。
〔一二九〕也　成化本無。

〔一三〇〕只　成化本作「又」。
〔一三一〕恁地　成化本爲「如此」。
〔一三二〕初　成化本無。
〔一三三〕八方四面　成化本爲「四面八方」。
〔一三四〕道夫　成化本無。
〔一三五〕子升兄　成化本爲「子升」。
〔一三六〕程先生云……却只是一個塗轍　成化本爲「冲漠無朕至教入塗轍」。
〔一三七〕個　成化本無。
〔一三八〕近思録　成化本無。
〔一三九〕此　成化本無。
〔一四〇〕成化本此下注曰：「他本小異。」
〔一四一〕道夫　成化本無。
〔一四二〕一人之身　成化本爲「人之一身」。
〔一四三〕面　成化本無。
〔一四四〕雖　成化本此上有「氣」。
〔一四五〕明道云　成化本無。
〔一四六〕來　成化本無。
〔一四七〕底　成化本此下注曰：「池本作『心似個没思量底』。」

〔一四八〕譬　成化本作「又」。

〔一四九〕問情意之別……而後用其意　成化本無。

〔一五〇〕此條道夫録成化本載於卷五十九。

〔一五一〕道夫　成化本爲「驤集注」，且此條載於卷五十九。

〔一五二〕程　成化本爲「程子」。

〔一五三〕此條閎祖録成化本載於卷八十三。

〔一五四〕伊川云　成化本無。

〔一五五〕心有善惡程先生曰　成化本無。

〔一五六〕既　成化本此上有「心」。

〔一五七〕成化本此下注有「可學」。

〔一五八〕程子曰　成化本無。

〔一五九〕此條可學録成化本載於卷三十。

〔一六〇〕能　成化本無。

〔一六一〕此條士毅録成化本載於卷三十。

〔一六二〕此條僩録成化本載於卷三十。

〔一六三〕此條僩録成化本載於卷三十。

〔一六四〕敬　成化本作「故」。

〔一六五〕了　成化本無。

〔一六六〕這渾身處了　成化本爲「渾身處」。
〔一六七〕成化本此下注曰：「以下第二卷。好學論入集注者已附本章。」
〔一六八〕周舜弼名謨　成化本爲「舜弼」。
〔一六九〕扈　成化本作「鄠」。
〔一七〇〕明道先生答橫渠　成化本無。
〔一七一〕却　成化本無。
〔一七二〕待　成化本無。
〔一七三〕明道　成化本無。
〔一七四〕此　成化本無。
〔一七五〕善物來感時定　成化本爲「抑善惡來皆定」。
〔一七六〕不　此字原缺，據成化本補。
〔一七七〕時　成化本作「而」。
〔一七八〕用　成化本作「是」。
〔一七九〕語　成化本此下有「以爲說得圓」。
〔一八〇〕道夫　成化本無。
〔一八一〕去　成化本無。
〔一八二〕則　成化本無。
〔一八三〕便　成化本無。

〔一八四〕去　成化本作「在」。

〔一八五〕成化本此下注有「道夫」。

〔一八六〕成化本此下注有「僩」。

〔一八七〕指　成化本作「揔」。

〔一八八〕按賀孫録少異今附云　成化本爲「賀孫録云」。

〔一八九〕問　成化本無。

〔一九〇〕更　成化本作「便」。

〔一九一〕理　成化本此下有「故」。

〔一九二〕此條升卿録成化本載於卷九十七。

〔一九三〕辨　成化本作「辨」。

〔一九四〕辨　成化本作「辨」。

〔一九五〕孟子才高……須是學顔子　成化本爲「學者須是學顔子」。

〔一九六〕道夫　成化本無。

〔一九七〕這固　成化本無。

〔一九八〕然　成化本無。

〔一九九〕即　成化本無。

〔二〇〇〕與　成化本無。

〔二〇一〕此條賀孫録成化本分爲兩條，其中「且省外事……自家進誠心與未」爲一條，「心只是放寬平……

皆不好也」爲一條。

〔二〇二〕近思録中　成化本無。

〔二〇三〕節　成化本無。

〔二〇四〕此條節録成化本載於卷三十一。

〔二〇五〕美　成化本作「靡」。

〔二〇六〕道夫　成化本無。

〔二〇七〕其　成化本爲「以其」。

〔二〇八〕論性不論氣不備論氣不論性不明　成化本無。

〔二〇九〕也　成化本此下注曰：「僩録云：『「論性不論氣，論氣不論性」便是二之。』」

〔二一〇〕此條僩録成化本載於卷五十九。

〔二一一〕道夫　成化本無。

〔二一二〕此條道夫録成化本載於卷五十九。

〔二一三〕此條可學録成化本載於卷五十九。

〔二一四〕此條節録成化本載於卷五十九。

〔二一五〕此條過録成化本載於卷五十九，但與成化本所載存在差異，成化本載爲：「程子『論性不論氣，不備；論氣不論性，不明』如孟子『性善』，是論性不論氣；荀楊異説是論氣，則昧了性。」曰：「程子只是立説，未指孟子。然孟子之言却是專論性。」

〔二一六〕道　成化本爲「道中」。

〔二一七〕淳録同　成化本無。
〔二一八〕使　成化本作「便」。
〔二一九〕如此否　成化本爲「如此看可否」。
〔二二〇〕成化本此下注曰：「子蒙録云：『或問：「正義在先，明道在後」。曰：「未有先後。此只是合掌底意思。」』」
〔二二一〕董仲舒曰　成化本無。
〔二二二〕只　成化本無。
〔二二三〕如　成化本無。
〔二二四〕陳淳録同　成化本無。
〔二二五〕程子曰　成化本無。
〔二二六〕終不足以入道　成化本無。
〔二二七〕道夫　成化本無。
〔二二八〕明道　「明」字原脱，據成化本補。
〔二二九〕翻　成化本作「覆」。
〔二三〇〕成化本此下注有「集注」。且此條寓録載於卷四十五。
〔二三一〕程子言　成化本無。
〔二三二〕此條寓録成化本載於卷四十五。
〔二三三〕文蔚　成化本無。

〔二三四〕明道嘗曰　成化本無。
〔二三五〕文蔚　成化本無。
〔二三六〕是　成化本爲「且是」。
〔二三七〕答　成化本無。
〔二三八〕此條文蔚録成化本載於卷四十五。
〔二三九〕程子曰　成化本無。
〔二四〇〕一　此字原缺，據成化本補。
〔二四一〕此條廣録成化本載於卷四十五。
〔二四二〕某　成化本作「洽」。
〔二四三〕此條洽録成化本載於卷四十五。
〔二四四〕近思録云……故爲仁　成化本無。
〔二四五〕在　成化本爲「便在」。
〔二四六〕個　成化本無。
〔二四七〕了　成化本無。
〔二四八〕那　成化本無。
〔二四九〕那愛　成化本無。
〔二五〇〕只　成化本爲「又只」。
〔二五一〕仁便是公做去否　成化本爲「公便是仁否」。

〔二五二〕吕與叔　成化本無。

〔二五三〕者　成化本無。

〔二五四〕克己銘　成化本作「如」。

〔二五五〕到　成化本爲「説到」。

〔二五六〕一般　成化本無。

〔二五七〕此條寓録成化本載於卷四十一。

〔二五八〕出　成化本作「去」。

〔二五九〕此條淳録成化本無。

〔二六〇〕此條可學録成化本載於卷六。

〔二六一〕升卿録同而略……平淡中有意味　成化本無。

〔二六二〕相　成化本作「將」。

〔二六三〕去　成化本作「走」。

〔二六四〕明道先生曰……自有所至矣　成化本無。

〔二六五〕消　成化本作「須」。

〔二六六〕恁　成化本作「認」。

〔二六七〕道夫　成化本無。

〔二六八〕爾　成化本無。

〔二六九〕道夫　成化本無。

〔二七〇〕使　成化本作「便」。

〔二七一〕胡文定公　成化本爲「胡文定」。

〔二七二〕官　成化本無。

〔二七三〕在　成化本無。

〔二七四〕人所患者不能見得大體　此句下成化本有「謝氏合下便見得大體」。

〔二七五〕是　成化本此下有「教他」。

卷九十六

〔一〕同上　成化本無。
〔二〕伊川云學者要自得　成化本無。
〔三〕來　成化本無。
〔四〕歸而求之可矣　成化本無。
〔五〕便　成化本無。
〔六〕如　成化本無。
〔七〕所以　成化本無。
〔八〕以下第三卷　成化本無。
〔九〕説　成化本作「法」。
〔一〇〕此條淳録成化本載於卷八十三。
〔一一〕明道先生曰　成化本無。
〔一二〕但隨其分限應之雖不中不遠矣　成化本無。
〔一三〕以下第四卷　成化本無。
〔一四〕句　成化本無。
〔一五〕此條可學録成化本載於卷二十三。

[一六] 底　成化本此上有「好」。
[一七] 此條謨録成化本載於卷二十三。
[一八] 是　成化本作「見」。
[一九] 象　成化本作「氣象」。
[二〇] 掉　此字原缺，據成化本補。
[二一] 此條人傑録成化本載於卷六十二。
[二二] 合　王本作「不」。
[二三] 只　成化本無。
[二四] 程子曰　成化本無。
[二五] 行　成化本此下注曰：「當録云：『敬便易行也。』」
[二六] 假　成化本作「做」。
[二七] 望　此字原缺，據成化本補。
[二八] 是　成化本無。
[二九] 遺書云　成化本無。
[三〇] 又　成化本無。
[三一] 則仁以下徐作便可爲仁　成化本爲「寓録作便可爲仁」。
[三二] 録　成化本無。
[三三] 明　成化本爲「明德」。

［三四］此　成化本無。
［三五］道夫　成化本作「驤」。
［三六］節　成化本無。
［三七］這　王本作「那」。
［三八］時　成化本無。
［三九］須　成化本無。
［四〇］常　成化本作「當」。
［四一］道夫　成化本作「驤」。
［四二］閑　成化本此上有「或問」。
［四三］謨去僞録同　成化本爲「去僞」。
［四四］不　成化本此上有「既惺了」。
［四五］近思録一條　成化本無。
［四六］劉　成化本無。
［四七］伊川先生言　成化本無。
［四八］於此二者　成化本無。
［四九］這個　成化本無。
［五〇］虚　成化本此下注曰：「淳録云：『「皆入這裏來，這裏面便滿了。」以手指心曰：「如何得虚？」』」
［五一］先生　成化本無。

[五二]思　成化本作「是」。
[五三]其　成化本無。
[五四]陳淳録止……鬼闞其室　成化本無。
[五五]外邪不入　成化本無。
[五六]事　成化本作「字」。
[五七]此條成化本無。
[五八]程先生　成化本爲「程子」。
[五九]此四字又云　成化本爲「或作」。
[六〇]淳　成化本無。
[六一]義　成化本爲「義剛同」。
[六二]矣　成化本無。
[六三]這　成化本作「此」。
[六四]不　成化本作「否」。
[六五]只可云　成化本無。
[六六]喜怒哀樂未發之前下静字亦可然静中須有物始得　成化本爲「静中須有物始得」。
[六七]伊川　成化本無。
[六八]答之　成化本無。
[六九]静　成化本爲「静中」。

〔七〇〕文蔚　成化本無。
〔七一〕文蔚　成化本無。
〔七二〕謨去僞録同　成化本爲「去僞」。
〔七三〕伊川　成化本無。
〔七四〕遺書中説　成化本無。
〔七五〕物　成化本無。
〔七六〕是　成化本無。
〔七七〕得　成化本此下有「却甚順」。
〔七八〕是　成化本作「克」。
〔七九〕陳淳録同以下第五卷　成化本爲「第五卷」。
〔八〇〕舜禹　成化本爲「最爲」。
〔八一〕此條閎祖録成化本以部分内容爲注，附於卷四十一儒用録尾，參下條。
〔八二〕成化本此下注曰：「閎祖録云：『此説極有味。』集義。」且此條儒用録載於卷四十一。
〔八三〕伊川　成化本爲「易傳」。
〔八四〕而　成化本此上有「篤恩義」。
〔八五〕此條柄録成化本載於卷七十二。
〔八六〕以下第六卷　成化本無。
〔八七〕成化本此下注有「第六卷」。

〔八八〕處　成化本此上有「利便是義之和」。
〔八九〕成化本此下注曰：「寓録云：『義則無不和，和則無不利矣。』」又，底本卷六十八所載他録與此條文字略有差異，參該卷「問程子曰義安處便爲利……和則無不利矣」條。
〔九〇〕以下　成化本無。
〔九一〕何也　成化本無。
〔九二〕不　成化本爲「不曾」。
〔九三〕以下第九卷　成化本無。
〔九四〕成化本此下注有「第九卷」。
〔九五〕曰　成化本此上有「曰：『管仲如何。』」
〔九六〕以下第十卷　成化本無。
〔九七〕近思録　成化本無。
〔九八〕成化本此下注有「第十卷」。
〔九九〕録　成化本無。
〔一〇〇〕以下　成化本無。
〔一〇一〕曹氏　成化本爲「曹操」。
〔一〇二〕如　成化本作「知」。
〔一〇三〕衲　成化本作「捺」。
〔一〇四〕法　成化本作「教」。

［一〇五］古不必驗……多有如此處　成化本無。

［一〇六］此條道夫録成化本以部分内容爲注，附於淳録尾，參下條。

［一〇七］成化本此下注曰：「道夫録云：『難言。須是自家到那地位方看得。要須見得那草與自家意思一般處。』」

［一〇八］伯豐　成化本爲「必大」。

［一〇九］得　成化本作「時」。

［一一〇］伯豐　成化本爲「必大」。

卷九十七

〔一〕此條蓋卿録成化本以部分内容爲注，夾於謙録，參下條。

〔二〕看　成化本此下注曰：「蓋卿録云：『若伊川不在，則何可不讀。』」

〔三〕成化本此下注曰：「以下論語録。」

〔四〕某　成化本爲「可學」。

〔五〕其　成化本無。

〔六〕羅先生　成化本作「羅」，且此下又注曰：「池録作『楊』。」

〔七〕成化本此下注有「程子」。且此條淳録載於卷九十三。

〔八〕時　成化本作「持」。

〔九〕此條寓録成化本載於卷九十三。

〔一〇〕義剛　成化本無。

〔一一〕曰　成化本無。

〔一二〕按陳淳録同而略……肅然警惕底意了　成化本無。

〔一三〕徙　成化本作「就」。

〔一四〕可　成化本爲「有何」。

〔一五〕此語怕　成化本爲「此等恐」。

〔一六〕語　成化本爲「語言」。
〔一七〕言　成化本爲「既言」。
〔一八〕此條植録成化本載於卷九十四。
〔一九〕以下天地性理　成化本無。
〔二〇〕成化本此下注曰：「以下天地性理。」
〔二一〕先生曰　成化本無。
〔二二〕今　成化本無。
〔二三〕竟　成化本無。
〔二四〕太昊　成化本爲「太古」。
〔二五〕龍卵　此二字原脱，據上下文及成化本補。
〔二六〕慝　成化本作「忒」。
〔二七〕便　成化本作「是」。
〔二八〕此　成化本此上有「曰」。
〔二九〕謨去僞録同　成化本爲「去僞」。
〔三〇〕道夫　成化本無。
〔三一〕鷄　成化本此上有「曰」。
〔三二〕是　成化本爲「便是」。
〔三三〕好　成化本此上有「如」。

〔三四〕曰　成化本作「問」。

〔三五〕有　成化本作「存」。

〔三六〕反字平聲　成化本作「平」，且置於「被人欲反」之「反」字下。

〔三七〕文蔚　成化本無。

〔三八〕程氏　成化本無。

〔三九〕辛　成化本無。

〔四〇〕程子云善惡皆天理也是如何　成化本爲「善惡皆天理也」。

〔四一〕且作　成化本爲「只管」。

〔四二〕得　成化本爲「既得」。

〔四三〕只　成化本作「又」。

〔四四〕一　成化本作「合」。

〔四五〕他　成化本無。

〔四六〕成化本此下注有「德明」。

〔四七〕某　成化本無。

〔四八〕某　成化本爲「必大」。

〔四九〕某復問　成化本爲「必大問」。

〔五〇〕某　成化本無。

〔五一〕道　成化本爲「道理」。

［五二］某　成化本爲「必大」。
［五三］義　成化本作「信」。
［五四］不　成化本作「未」。
［五五］成乎中者　成化本爲「存於□心中者」，「心」上有一字缺。
［五六］用必　成化本爲「必用」。
［五七］曰　成化本無。
［五八］既　成化本此上有「它」。
［五九］此　成化本作「己」。
［六〇］章　成化本作「意」。
［六一］謂　成化本無。
［六二］凡　成化本此上有「則知」。
［六三］然　成化本此下有「知」。
［六四］以　成化本無。
［六五］人　成化本此下有「了」。
［六六］云　成化本作「之」，屬上讀。
［六七］陷　成化本爲「陷得」。
［六八］看　成化本作「着」。
［六九］道　成化本作「地」。

［七〇］此條寓録成化本載於卷一百五。
［七一］是這　成化本爲「此是」。
［七二］以下堯舜　成化本爲「以下聖賢及先儒」。
［七三］銖　成化本無。
［七四］甘節録同而略今附於下云　成化本爲「節録云」。
［七五］物　成化本作「拗」。
［七六］形　成化本作「見」。
［七七］乎　成化本作「於」。
［七八］答云　成化本作「曰」。
［七九］謨人傑去僞録同　成化本爲「去僞」。
［八〇］以下周子謝尹　成化本無。
［八一］蓋卿　成化本無。
［八二］門　成化本作「問」。
［八三］不　成化本爲「似不」。
［八四］誠　成化本作「試」。
［八五］蓋卿因復請……來日方説　成化本無。
［八六］早　成化本無。
［八七］蓋卿同饒廷老㬅亞夫别先生　成化本無。

［八八］就復以此請問焉　成化本爲「復以此請問」。
［八九］專　成化本作「偏」。
［九〇］以下二程子附年譜行狀　成化本無。
［九一］者時　成化本無。
［九二］談　成化本作「説」。
［九三］又　成化本無。
［九四］祖　成化本作「母」。
［九五］斷　成化本此下有「否」。
［九六］謨去僞録同　成化本爲「去僞」。
［九七］去　成化本爲「出去」。
［九八］曰上佐天子理陰陽順四時……内親附百姓　成化本無。
［九九］答曰　成化本爲「先生問」。
［一〇〇］答云　成化本作「曰」。
［一〇一］弔　成化本此下有「『如何?』曰：『這也可疑。』或問：『賀則不弔』」。
［一〇二］淳　成化本無。
［一〇三］此　成化本爲「此説」。
［一〇四］其　成化本無。
［一〇五］看　成化本此下有「莊子」。

〔一〇六〕莊　成化本此上有「然則」。

〔一〇七〕某　成化本作「謨」。

〔一〇八〕有　成化本此上有「自」。

〔一〇九〕成化本此下注有「友仁」。

〔一一〇〕二　成化本作「存」。

〔一一一〕實　成化本此下有「嘗」。

〔一一二〕它到説窮　此四字原脱，據上下文及成化本補。

〔一一三〕差　成化本作「疑」。

〔一一四〕審　王本作「當」。

〔一一五〕性　成化本此下有「情」。

〔一一六〕道　成化本作「適」。

〔一一七〕某向見一術者與對坐即云　成化本爲「某向與一術者對坐忽然云」。

〔一一八〕坐　成化本作「矣」，屬上讀。

〔一一九〕節　成化本無。

〔一二〇〕正叔　成化本無。

〔一二一〕是　成化本作「上」。

〔一二二〕云　成化本爲「又云」。

〔一二三〕問　成化本此下有「『若謂性與道，大本與達道，可混爲一，即未安』以下云云，至『安得不爲二乎』」。

〔一二四〕若只以下至近之　成化本爲「若只以中爲性以下云云至却爲近之」。

〔一二五〕當時解意亦自窘束　成化本爲「當時問時辭意亦自窘束」。

〔一二六〕必　王本作「心」。

〔一二七〕事　王本作「書」。

〔一二八〕以下論中書　成化本無。

〔一二九〕鄭氏　成化本作「鄭」。

〔一三〇〕中　成化本爲「中書」。

〔一三一〕只　成化本作「吕」。

〔一三二〕句　成化本爲「一句」。

〔一三三〕攻　成化本作「改」。

〔一三四〕陳淳録同　成化本無。

卷九十八

［一］依卷數次第別　成化本無。
［二］道夫　成化本無。
［三］以下　成化本無。
［四］成化本此下注曰：「因論精專讀書及此。」
［五］橫渠云　成化本無。
［六］使　成化本作「便」。
［七］成化本此下注有「義剛」。
［八］道夫　成化本無。
［九］此　成化本作「比」。
［一〇］道夫　成化本無。
［一一］葉本自今且以下……此是個話頭　成化本爲「賀孫録云：『千萬記取此是個話頭。』」
［一二］自　成化本此上有「却」。
［一三］按葉賀孫録同而少異　成化本爲「賀孫同」。
［一四］趙恭父　成化本爲「趙共父」。
［一五］説曰幹事　此四字原脱，據上下文及成化本補。

〔一六〕恭甫　成化本爲「共父」。
〔一七〕此條賀孫録成化本以部分内容爲注，附於卷八十一道夫録中，參此下所附道夫録。
〔一八〕知　成化本此下注曰：「賀孫録云：『這裏若有些違理，恰似天知得一般。』」
〔一九〕道夫　成化本無。
〔二〇〕昊天曰明……及爾游衍　成化本爲「昊天曰明云云至游衍」。
〔二一〕遜　成化本作「讓」。
〔二二〕此條道夫録成化本載於卷八十一。
〔二三〕此條道夫録成化本載於卷九十三。
〔二四〕作　成化本此下注曰：「池本作『因間丘問握奇經引程子説，先生曰』云云。」
〔二五〕蹺欹如許　成化本爲「許多磽崎」，且此下注曰：「池本此下云：『又，詩序是衛宏作，好事者附會以爲出聖人。其詩章多是牽合，須細考可也。』」
〔二六〕到　成化本此下注曰：「池本作『有到，有不到處。』」
〔二七〕陽　成化本此下注曰：「池本云：『「鬼神即禮樂」，又云：「前輩之説如此。當知幽與明之實如何。鬼自從陰，屬禮；神自從陽，屬樂。」因舉「樂者敦和，率神而從天；禮者別宜，歸鬼而從地」云云。』」
〔二八〕在下　成化本爲「下降」。
〔二九〕此條寓録成化本載於卷一百二十五。
〔三〇〕道夫　成化本無。
〔三一〕只　成化本此上有「此『息』」。

〔三二〕是　成化本此上有「一」。

〔三三〕處　成化本此上有「用」。

〔三四〕人傑按周謨金去僞録並同　成化本爲「去僞」。

〔三五〕問　成化本爲「林問」。

〔三六〕却　成化本無。

〔三七〕而　成化本無。

〔三八〕此條砥録成化本載於卷五。

〔三九〕横渠云心統性情者也此語極佳　成化本無。

〔四〇〕情　成化本無。

〔四一〕此條可學録成化本載於卷五。

〔四二〕横渠曰　成化本無。

〔四三〕又曰　成化本無。

〔四四〕性　成化本無。

〔四五〕非是有這個物事　成化本爲「非有個物事」。

〔四六〕性　成化本無。

〔四七〕此條蓋卿録成化本載於卷五。

〔四八〕性　成化本作「情」。

〔四九〕七　成化本爲「七八」。

［五〇］横渠先生曰……孟子言人性善是也　成化本無。
［五一］云云　成化本無。
［五二］先生曰　成化本無。
［五三］此條閎祖録成化本載於卷九十五。
［五四］横渠説　成化本無。
［五五］某　成化本無。
［五六］以下第二卷　成化本無。
［五七］横渠　成化本無。
［五八］成化本此下注有「第二卷」。
［五九］此條去僞録成化本載於卷五十九。
［六〇］此條淳録成化本載於卷五十九。
［六一］窮理盡性則性天德命天理　成化本無。
［六二］性命於德性命於氣之　成化本無。
［六三］道夫　成化本無。
［六四］性命於氣……性命於德　成化本無。
［六五］横渠　成化本爲「張子」。
［六六］受　成化本爲「所受」。
［六七］也　成化本此下有「有性焉，君子不謂命也」。

〔六八〕橫渠說　成化本無。
〔六九〕又曰　成化本無。
〔七〇〕近思録論　成化本無。
〔七一〕即　成化本無。
〔七二〕如曰乃若其情曰非才之罪　此十一字成化本皆爲小字。
〔七三〕此條賀孫録成化本分爲兩條，其中「問窮理盡性……污漫椀盛得濁」爲一條，載於卷九十八；「生之謂性一條難說……只是專一」爲一條，載於卷九十五。
〔七四〕性　成化本此下有「善反之則天地之性存焉」，而此十字底本置於「性命於德」下。
〔七五〕善反之則天地之性存焉　此十字成化本置於「形而後有氣質之性」下。
〔七六〕此性　成化本爲「性命」。
〔七七〕力行　成化本無。
〔七八〕道夫　成化本無。
〔七九〕木之　成化本無。
〔八〇〕橫渠說　成化本無。
〔八一〕此　成化本作「其」。
〔八二〕物　成化本作「用」。
〔八三〕是　成化本爲「只是」。
〔八四〕則　成化本此上有「心極其大」。

［八五］猶有我不聞不見底道理在　此十一字原脱，據上下文及成化本補。
［八六］若不知聞見之外　此七字原脱，據上下文及成化本補。
［八七］如此説　成化本無。
［八八］者　成化本作「著」。
［八九］此條謨録成化本載於卷三十六。
［九〇］問　成化本爲「先生問」。
［九一］此條可學録作爲注，附於成化本卷一百十八「問璘昨日卧雲菴中何所爲……不然兀兀而已」條録尾，可參。
［九二］此條可學録成化本載於卷一百三十七。
［九三］節問西銘言理一而分殊……節却未見　成化本爲「問西銘分殊處」。
［九四］句　成化本此下有「上」。
［九五］二　成化本作「一」。
［九六］則　成化本作「别」。
［九七］黄卓録同而少略今附云　成化本爲「卓録云」。
［九八］楊龜山　成化本爲「龜山」。
［九九］若　成化本作「着」。
［一〇〇］便是　成化本爲「是也」。
［一〇一］個　成化本無。
［一〇二］那　成化本無。

〔一〇三〕文蔚　成化本無。
〔一〇四〕親　成化本此下有「戰戰兢兢，無所不至。愛天當如愛親」。
〔一〇五〕西銘説　成化本無。
〔一〇六〕西銘　成化本無。
〔一〇七〕理　成化本作「意」。
〔一〇八〕此條人傑録成化本無。
〔一〇九〕成化本此下注有「泳」。
〔一一〇〕今具於左　成化本無。
〔一一一〕蜚卿　成化本無。
〔一一二〕近思録　成化本無。
〔一一三〕道夫　成化本無。
〔一一四〕了　成化本無。
〔一一五〕也　成化本作「者」。
〔一一六〕徐居甫　成化本爲「居甫」。
〔一一七〕横渠云　成化本無。
〔一一八〕以下　成化本無。
〔一一九〕此條謨録成化本載於卷三十三。
〔一二〇〕横渠　成化本此上有「問」。

〔一二一〕見得這事理透了處斷了便無疑　成化本爲「難處見得事理透便處斷無疑」。

〔一二二〕如到那一處　成化本無。

〔一二三〕又　成化本無。

〔一二四〕是　成化本作「好」。

〔一二五〕方　成化本作「説」。

〔一二六〕如彼又不通　成化本爲「如彼説又有礙」。

〔一二七〕此條淳録成化本載於卷三十三。

〔一二八〕者　成化本無。

〔一二九〕得　成化本無。

〔一三〇〕看　成化本作「有」。

〔一三一〕此條僩録成化本載於卷三十三。

〔一三二〕此條僩録成化本無。但成化本卷一百二十一載卓録與此相類，參成化本該卷卓録「讀書須是成誦方精熟……別無方法也」條。

〔一三三〕横渠　成化本此上有「先生諭廣曰：『今講學也須如此，更須於主一上做工夫。若無主一工夫則所講底義理無安着處，都不是自家物事；若有主一工夫，則外面許多義理方始爲我有，却是自家物事。工夫到時，纔主一便覺意思好，卓然精明。不然，便緩散消索了，没意思。』廣云：『到此侍教誨三月，雖昏愚，然亦自覺得與前日不同，方始有個進修底田地，歸去當閉户自做工夫。』曰：『也不問在這裏不在這裏，也不説要如何頓段做工夫，只自脚下便做將去。固不免有散緩時，但纔覺便收斂將來，漸漸做去。但得收斂時節多，散緩之時少，便是長進處。故孟子説「學問之道無佗，求其放心而已」。所謂「求放心」者，非是別去求個心來存着，只纔覺放，心便在此。孟子又曰「雞犬放則知求之，心放則不知求」，某常謂，雞犬猶是外物，纔放了，須去外面捉將來；若是自家心，便不用別求，纔覺便在這裏。雞犬放猶有求不得時，自家心則無求不得之理。』因言」。

〔一三四〕蓋程先生　成化本爲「二程」。

〔一三五〕只恁地後可到　成化本無。

〔一三六〕若　成化本無。

〔一三七〕則　成化本無。

〔一三八〕人傑以下第四卷　成化本無，且此條載於卷一百十三。

〔一三九〕成化本此下注有「第四卷」。

〔一四〇〕横渠説　成化本無。

〔一四一〕井田　成化本作「世」。

〔一四二〕十　成化本無。

〔一四三〕魏　成化本此下有「晉積亂之極至元魏」。

〔一四四〕得　成化本作「似」。

〔一四五〕得　成化本作「似」。

〔一四六〕成化本此下注曰：「義剛録別出。」

〔一四七〕此條德明録成化本無。

卷九十九

〔一〕横渠　成化本無。
〔二〕者　成化本此上有「云」。
〔三〕太和篇　成化本無。
〔四〕成化本此下注有「去僞」。
〔五〕答　成化本無。
〔六〕看來只是目有聚處目則得而見　成化本爲「看來只是氣聚則目得而見」。
〔七〕正蒙　成化本無。
〔八〕如何　成化本無。
〔九〕也　成化本無。
〔一〇〕按徐寓録同……分作一條　成化本爲「寓同」。
〔一一〕按楊至録略……不和散則爲雹　成化本無。
〔一二〕成化本此下注有「動物篇」。
〔一三〕問　成化本爲「林問」。
〔一四〕正蒙形而上者得辭斯得象矣　成化本無。
〔一五〕答　成化本無。

〔一六〕一之按徐寓録同　成化本無。

〔一七〕成化本此下注曰：「人傑。天道篇。」

〔一八〕此　成化本爲「此理」。

〔一九〕先生云　成化本無。

〔二〇〕成化本此下注有「誠明篇」。

〔二一〕這　成化本作「此」。

〔二二〕這　成化本作「此」。

〔二三〕仁曰　成化本無。

〔二四〕這　成化本作「此」。

〔二五〕此條升卿録成化本載於卷一百一。

〔二六〕此條可學録成化本載於卷九十七。

〔二七〕此條可學録成化本無。

〔二八〕病　成化本此下有「在」。

〔二九〕一個　成化本無。

〔三〇〕子　成化本此下有「了」。

〔三一〕發憤忘食樂以忘憂　成化本無。

〔三二〕繞　成化本作「擾」。

〔三三〕成化本此下注有「賀孫」，且此條載於卷三十四。

〔三四〕氣　成化本此下有「説」。
〔三五〕成化本此下注有「乾稱篇」。
〔三六〕成化本此下注有「大易篇」。

卷一百

［一］看　成化本作「用」。
［二］此條砥録成化本載於卷九十三。
［三］却　成化本無。
［四］易　成化本此下注曰：「一作『説易極好』。」
［五］成化本此下注有「廣同」。
［六］此條方子録成化本以部分内容爲注，夾於佐録中，參成化本卷一百佐録「問程子謂康節空中樓閣……不知是何物攻他心」條。
［七］廣　成化本此上有「如此」。
［八］安得如之　成化本爲「如何得似他」。
［九］樣　成化本此下有「做」。
［一〇］有　成化本無。
［一一］答　成化本無。
［一二］渠　成化本無。
［一三］又言　成化本無。
［一四］見　成化本爲「見得」。

〔一五〕七亞反　成化本無。

〔一六〕定四□八十六三十二六十四大□　成化本爲「定是四公八辟十六侯三十二卿六十四大夫」。

〔一七〕却　成化本作「恰」。

〔一八〕好　成化本此下注曰：「璘録云：『舜功云：「堯夫似曾點。」曰：「他又有許多骨董。」』」

〔一九〕了　成化本無。

〔二〇〕那　成化本無。

〔二一〕甚　成化本無。

〔二二〕二　成化本此上有「至」。

〔二三〕八　成化本此上有「三百」。

〔二四〕三　成化本此上有「以」。

〔二五〕腦　成化本作「惱」。

〔二六〕令　王本作「零」。

〔二七〕前日見　成化本無。

〔二八〕了　成化本作「又」，屬下讀。

〔二九〕此條人傑録成化本載於卷六十七。

〔三〇〕此條閎祖録成化本無。

〔三一〕日　成化本此下有「一日統十二辰」。

〔三二〕蔡季通丈　成化本爲「季通」。

〔三三〕徐有語録云三字　成化本無。

〔三四〕徐無此三字　成化本無。

〔三五〕徐作惟言　成化本無。

〔三六〕淳按徐寓録同　成化本作「寓」，且此條成化本載於卷九十四。

〔三七〕與　成化本此上有「易」。

〔三八〕又　成化本此上有「叔器問：『經世書「水火土石」，石只是金否？』曰：『它分天地間物事皆是四，如日月星辰，水火土石，雨風露雷，皆是相配。』又問：『金生水如石中出水，是否？』曰：『金是堅凝之物，到這裏堅實後，自摻得水出來。』」此部分内容底本另作一條，參下條。

〔三九〕精微曲折　成化本爲「曲折精微」。

〔四〇〕當時康節　成化本爲「康節當時」。

〔四一〕胡叔器答問　成化本爲「叔器問」。

〔四二〕成化本此下有「『「水火土石」，石只是金否？』曰：『它分天地間物事皆是四，如日月星辰』」。

〔四三〕雨露風雷　成化本爲「雨風露雷」。

〔四四〕得在　成化本無。

〔四五〕那　成化本無。

〔四六〕此條義剛録成化本與上條合爲一條，參上條。

〔四七〕降　成化本無。

〔四八〕外更　成化本爲「氣外」。

〔四九〕此條泳録成化本載於卷六十五。
〔五〇〕先生舉邵康節語　成化本無。
〔五一〕曰　成化本無。
〔五二〕好　成化本無。
〔五三〕按閎祖録同而略……説得好　成化本無。
〔五四〕此條寓録成化本無。
〔五五〕先生舉邵子曰性者至舟車問淳　成化本爲「先生問」。
〔五六〕之　成化本此下注曰：「砥録作『反身而求』。」
〔五七〕復　成化本作「後」。
〔五八〕是　成化本此上有「典」。
〔五九〕哉　成化本無。
〔六〇〕説　成化本無。
〔六一〕之　成化本無。
〔六二〕此條淳録成化本作爲主録，且其後注曰：「寓同，砥同。」
〔六三〕此條至録成化本無。
〔六四〕裏　成化本無。
〔六五〕云身者心之區宇也……物者身之舟車也　成化本無。
〔六六〕文壽　成化本作「椿」。據朱子語録姓氏：「魏椿，字元壽。」疑「文」爲「元」之誤。

〔六七〕論心之理　成化本無。
〔六八〕邵子　成化本作「性」。
〔六九〕恁　成化本作「是」。
〔七〇〕庚　成化本無。
〔七一〕陳才卿　成化本爲「才卿」。
〔七二〕原　成化本爲「原本」。
〔七三〕某　成化本爲「可學」。
〔七四〕誰　成化本此上有「是」。
〔七五〕又曰論胡文定説輒事極看得好　成化本無。
〔七六〕對　成化本無。
〔七七〕成化本此下注曰：「賀孫録别出。」且此條成化本載於卷七十一。
〔七八〕池陽士人　成化本無。
〔七九〕有曰　成化本無。
〔八〇〕有曰　成化本無。
〔八一〕也　成化本無。
〔八二〕道夫　成化本無。
〔八三〕又葉賀孫　成化本爲「賀孫」。

〔八四〕不念則説不應　成化本此上有「有人故意思别事，下念及此則其説便不應」。

〔八五〕淳按黄義剛録同　成化本爲「義剛」。

〔八六〕皇　成化本作「凰」。

〔八七〕是　成化本無。

卷一百一

〔一〕淳按黄義剛録同　成化本爲「義剛」。
〔二〕一本止此　成化本無。
〔三〕答　成化本無。
〔四〕且　成化本無。
〔五〕雖　成化本無。
〔六〕是　成化本無。
〔七〕是　成化本無。
〔八〕下　成化本無。
〔九〕則是　成化本無。
〔一〇〕答　成化本無。
〔一一〕如　成化本無。
〔一二〕也　成化本無。
〔一三〕此條大雅録成化本載於卷十九。
〔一四〕按黄升卿録同而少異……則將無處不窒礙耳　成化本無。又，「窒」字原缺，據鎬録補。
〔一五〕二程先生　成化本爲「二程處」。

〔一六〕有　成化本作「其」。
〔一七〕只從無罪　成化本爲「只得從其罪」。
〔一八〕此條明作録成化本載於卷六十二。
〔一九〕多有處　王本爲「有多處」。
〔二〇〕戴　成化本作「禮」。
〔二一〕講　成化本爲「講筵」。
〔二二〕經　成化本無。
〔二三〕其　成化本無。
〔二四〕在　成化本作「存」。
〔二五〕始　成化本無。
〔二六〕禪　成化本作「習」。
〔二七〕淳　成化本爲「義剛」。
〔二八〕一　此字原缺，據成化本補。
〔二九〕議　成化本爲「議論」。
〔三〇〕後　成化本此上有「到」。
〔三一〕空人打個巾斗　成化本爲「空中打個筋斗」。
〔三二〕然方記録伊川　成化本爲「然方其記録伊川語」。
〔三三〕他緣　成化本無。

〔三四〕他却　成化本無。
〔三五〕湊　成化本作「揍」。
〔三六〕此條廣録成化本分爲兩條，其中「今之學者往往多歸異教者……往往不精切」爲一條，載於卷一百二十六；「人心操則存……揍着那天然恰好處」爲一條，載於卷五十九。
〔三七〕先生曰　成化本無。
〔三八〕成化本此下注有「友仁」。
〔三九〕如　成化本此上有「所以」。
〔四〇〕爲　成化本作「與」。
〔四一〕成　成化本此下注曰：「有爲而言。」
〔四二〕此條德明録成化本以部分内容爲注，附於卷六十二載淳録尾，參底本卷六十二淳録「吕氏未發之前……説得亦好」條。
〔四三〕吕與叔　成化本無。
〔四四〕此條謨録成化本載於卷四十一。
〔四五〕乃　成化本作「猶」。
〔四六〕道夫　成化本無。
〔四七〕出　成化本爲「同出」。
〔四八〕於　成化本無。
〔四九〕此條道夫録成化本載於卷二十二。

［五〇］伯羽　成化本無。

［五一］謝氏　成化本無。

［五二］自皆本以下至此劉砥作　成化本爲「砥録云」。

［五三］處　成化本此下注曰：「砥録云：『發出來和，無不中節便是處處敬。』」

［五四］此條伯羽録成化本載於卷二十二。

［五五］按劉砥録同而少異　成化本爲「砥少異」。

［五六］又陳淳問云　成化本爲「陳録云問」。

［五七］成化本此下又有注曰：「寓録云：『「敬只是一個敬，分不得。纔有兩個便不敬矣。和則處處皆和，是事事中節。若這處中節，那處不中節，便非和矣」。又曰：「凡恰好處皆是和。但敬存於此則氤氳磅礴，自然而和。」』」

［五八］使　王本作「體」。

［五九］則　成化本無。

［六〇］則　成化本無。

［六一］成化本此下注曰：「道夫録少異。」且此條淳録載於卷二十二。

［六二］和　成化本此上有「曰」。

［六三］方子　成化本作「淳」，此條載於卷二十二。

［六四］一貫……觸着這關捩子方得　成化本無。

［六五］答　成化本無。

[六六] 專　成化本此下有「説是理」。
[六七] 這　成化本無。
[六八] 淳　成化本爲「義剛」。
[六九] 臂　成化本此下注曰：「方録云：『鄭轂言：「上蔡平日説話到軒舉處，必反巾揎袖以見精采。」』」
[七〇] 成化本此下注曰：「榦嘗聞先生云：『坐在門外石坐子上。』今云『門限』，記之誤也。方録云：『龜山有時坐門限上。李先生云：「某即斷不敢。」』」
[七一] 龜山　成化本爲「程子」。
[七二] 此條閎祖録成化本載於卷六十二。
[七三] 又曰　成化本無。
[七四] 此條閎祖録成化本載於卷五十八。
[七五] 胡子　成化本無。
[七六] 劉器之　成化本無。
[七七] 楊龜山　成化本爲「龜山」。
[七八] 却是　成化本無。
[七九] 公知　成化本無。
[八〇] 便　成化本無。
[八一] 勢　成化本無。
[八二] 人　成化本無。

［八三］即辟　成化本無。
［八四］人　成化本無。
［八五］蔡元長　成化本爲「蔡京」。
［八六］應之　成化本此下注曰：「文蔚録云：『君謨之孫，與他叙譜。』」
［八七］元長　成化本作「京」。
［八八］做　成化本無。
［八九］之　成化本無。
［九〇］元長　成化本無。
［九一］諸子　成化本作「諸生」，此條下二同。
［九二］大　成化本作「火」。
［九三］如此　成化本無。
［九四］元長　成化本作「京」。
［九五］汝之所得知　成化本爲「汝所知」。
［九六］元長　成化本作「京」。
［九七］者云　成化本爲「云者」。
［九八］具　成化本作「且」。
［九九］按李儒用録同而各有詳略……至今廟食郡中　成化本爲「儒用録别出」。且底本所附儒用録，成化本另作一條，置於賀孫録下。又於儒用録尾注曰：陳德本云：「柔直與李丞相極厚善。其卒也，丞相以詩

哭之云『中原未恢復，天乃喪斯人』。」儒用按，鄉先生羅祕丞日録：「柔直嘗知鼎州。祕丞罷舒州士曹，避地於鄉之石牛寨，與之素昧平生。時方道梗，柔直纔入湖南，乃宛轉寄詩存問，云『曾聞避世門金馬，何事投身寨石牛。千里重湖方鼎沸，可能同上岳陽樓』。」則其汲汲人物之意亦可見矣。是詩夷堅志亦載，但以爲袁司諫作，非也。又按玉溪文集云「柔直嘗知贛州，招降盜賊」云。

［一〇〇］論及龜山先生曰　成化本無。

［一〇一］也　成化本作「亦」。

［一〇二］林擇之　成化本爲「擇之」。

［一〇三］出　成化本爲墨丁，萬曆本作「氣」。

［一〇四］按陳淳録同　成化本無。

［一〇五］不知當時事勢如何　成化本無。

［一〇六］勢　成化本爲「事勢」。

［一〇七］薦　成化本此下注曰：「蔡老令攸薦之。」

［一〇八］誰使　成化本爲「使誰」。

［一〇九］之　成化本作「及」，屬下讀。

［一一〇］誥　成化本作「告」。

［一一一］此條可學録成化本分爲二條，其中「問龜山晚年出得是否……正坐此耳」爲一條，載於卷一百一；「問圍城時……亦做不得事」爲一條，載於卷一百三十。

［一一二］道夫　成化本無。

［一一三］胡文定公　成化本爲「胡文定」。
［一一四］成化本此下注有「德明」。
［一一五］施　成化本此下有「之」。
［一一六］此條閎祖録成化本載於卷四十一。
［一一七］尹彥明　成化本此目上有「侯希聖」一目，且其下載兩條語録。分别爲閎祖録「胡氏記侯師聖語……此説好」條，而此條底本載入「游定夫」目下。又有方録「李先生云侯希聖……其飲啗粗疏人也」條，參成化本卷一百一。
［一一八］尹和靖　成化本爲「和靖」。
［一一九］按石餘慶録同　成化本無。
［一二〇］尹和靖　成化本爲「和靖」。
［一二一］尹和靖　成化本爲「和靖」。
［一二二］按陳淳録同　成化本無。
［一二三］此條閎祖録成化本載於卷五十七。
［一二四］文蔚所見　成化本無。
［一二五］李先之　成化本無此目，而自此另設「張思叔」、「郭立之」、「胡康侯」三目。底本無「張思叔」一目，而「郭立之」、「胡康侯」二目載於卷一百三。
［一二六］黄履邢恕　成化本無此目。
［一二七］此條僩録成化本載於卷一百三十。

卷一百二

〔一〕羅胡門人　成化本無。

〔二〕羅氏門人　成化本爲「楊氏門人」，又「羅氏門人」一目載於卷一百三。

〔三〕粹　成化本作「睟」。

〔四〕道夫　成化本作「驤」。

〔五〕只是　成化本無。

〔六〕收　成化本爲「收拾」。

〔七〕醇　成化本作「純」。

〔八〕淳　成化本無。

〔九〕體　成化本爲「體驗」。

〔一〇〕此條與下條成化本併爲一條，注爲淳録。

〔一一〕後之　成化本爲「陳後之」。

〔一二〕釋　成化本爲「釋氏」。

〔一三〕升卿　成化本作「淳」。按，因此條與上條成化本併爲一條，注爲淳録。

〔一四〕去　成化本此下有「看」。

〔一五〕胡氏門人　成化本此目載於卷一百三。

〔一六〕做　成化本作「故」。

〔一七〕勸　成化本作「苦」。

〔一八〕一　成化本作「是」。

〔一九〕做　成化本爲「爲人作」。

〔二〇〕進　成化本作「至」。

〔二一〕止　成化本此下注曰：「寓録云：『此段文已詳了』。」

〔二二〕按徐寓同　成化本爲「寓同」。

〔二三〕爲　成化本無。

〔二四〕答　成化本無。

〔二五〕一　成化本無。

〔二六〕且　成化本無。

〔二七〕答　成化本無。

〔二八〕先生　成化本無。

〔二九〕對　成化本無。

〔三〇〕二，王本爲「一二」。

〔三一〕問　成化本爲「叔器云」，且於「叔器」上有一段問答，底本另作一條，參底本卷二十九淳録「胡叔器問先識聖賢氣象……只計較得來也無益」條。

〔三二〕亦要如此下工否　成化本爲「莫亦要如此下工夫否」。

〔三三〕只　成化本爲「他只是」。

〔三四〕樣　成化本此下有「而今緊要且看聖人是如何，常人是如何，自家因甚便不似聖人，因甚便只似常人。就此理會得自是超凡入聖」。

〔三五〕成化本此下有「義剛同」，且此條淳録載於卷二十九。

〔三六〕予　成化本作「某」。

卷一百三

［一］楊尹門人　成化本無。

［二］楊氏門人　成化本此目載於卷一百二。

［三］羅仲素先生　成化本爲「羅先生」。

［四］字子莊　成化本無。

［五］名剛南劍人　成化本無。

［六］却　成化本作「即」。

［七］量　成化本此下有「更輔之以□□」，「以」下有二字缺。

［八］又云　成化本無。

［九］初　成化本無。

［一〇］此條儒用録成化本載於卷一百三十一。

［一一］胡康侯　成化本此目載於卷一百一。

［一二］雖非門人而嘗見龜山當附五峰之前　成化本爲「雖非門人而嘗見謝楊今附子姪附」。

［一三］胡文定公　成化本爲「胡文定」。

［一四］孟子　成化本無。

［一五］此條木之録成化本載於卷五十二。

[一六] 此條義剛録成化本無。
[一七] 胡仁仲又從侯師聖　成化本無。
[一八] 成化本此下注曰：「振録云：『正蒙規摹大，知言小。』」
[一九] 答　成化本無。
[二〇] 他　成化本無。
[二一] 那　成化本無。
[二二] 成化本此下注曰：「砥録别出。」
[二三] 五峰云……仁者心之道也　成化本無。
[二四] 竊謂　成化本無。
[二五] 若　成化本無。
[二六] 仲思「　成化本無。
[二七] 是　成化本無。
[二八] 吕伯恭　成化本爲「伯恭」。
[二九] 但　成化本爲「又問」。
[三〇] 按與上條皆銖仲思問……故並存之　成化本無。
[三一] 李堯卿　成化本爲「堯卿」。
[三二] 做　成化本作「説」。
[三三] 胡氏　成化本無。

［三四］又曰　成化本無。

［三五］所以克己復禮爲仁只是克了私欲仁依舊只在　此十九字原脱，據上下文及成化本補。

［三六］答　成化本無。

［三七］仁　成化本此下有「底」。

［三八］此條閎祖録成化本載於卷五十二。

［三九］病　成化本此下注曰：「方録作『此語甚得之』。」

［四〇］道二……夫道一而已矣者也　成化本無。

［四一］舉　成化本作「言」。

［四二］胡季隨　成化本爲「季隨」。

［四三］學　此字原脱，據上下文及成化本補。

［四四］比　成化本此下注曰：「僩録但云：『季隨主其家學，説性不可以善言。本然之性是上面一個，其尊無對。』」

［四五］者　成化本作「底」。

［四六］也　成化本作「矣」。

［四七］故　成化本無。

［四八］佛氏云　成化本爲「佛言」。

［四九］贊嘆之辭也　成化本無。

［五〇］胡文定　成化本爲「文定」。

〔五一〕辨　成化本此下有「之」。
〔五二〕對　成化本此下注曰：「僩録作『無善可對』。」
〔五三〕賦　成化本爲「賦予」。
〔五四〕善　成化本此下注曰：「僩録作『性』。」
〔五五〕善　成化本此下注曰：「僩録作『性』。」
〔五六〕者　成化本作「底」，且其下注曰：「僩録作『行得善底』。」
〔五七〕言　成化本作「説」。
〔五八〕等待你來與你爲對　成化本爲「等得他來與之爲對」。
〔五九〕胡文定　成化本爲「文定」。
〔六〇〕並　成化本作「益」。
〔六一〕又　成化本爲「又是」。
〔六二〕胡文定　成化本爲「文定」。
〔六三〕總老名常總　成化本爲「常總」。
〔六四〕總老　成化本作「總」。
〔六五〕龜山鄉里　成化本無。
〔六六〕後來總　成化本作「後」。
〔六七〕總老　成化本爲「總極」。
〔六八〕總老　成化本作「總」。

〔六九〕總老　成化本作「總」。
〔七〇〕胡文定　成化本爲「文定」。
〔七一〕以　成化本爲「遂以」。
〔七二〕胡致堂　成化本爲「致堂」。
〔七三〕那　成化本此上有「却」。
〔七四〕矣　成化本此下注曰：「僩録作『便是性本善矣』。」
〔七五〕佛氏曰　成化本爲「佛言」。
〔七六〕是　成化本此下有「説」。
〔七七〕蘇　成化本爲「二蘇」。
〔七八〕之　成化本無。
〔七九〕如　成化本作「云」。
〔八〇〕如　成化本作「云」。
〔八一〕東坡　成化本爲「蘇氏」。
〔八二〕説中説一　成化本爲「命之曰一，寄之曰中」。
〔八三〕故　成化本無。
〔八四〕然　成化本無。
〔八五〕後來爲荆門軍　成化本爲「後爲荆門」。
〔八六〕荆門軍教授　成化本爲「荆門」。

〔八七〕游定夫　成化本爲「定夫」。
〔八八〕他　成化本無。
〔八九〕成化本此下注曰：「僩録略。」
〔九〇〕南劍人　成化本無。
〔九一〕嘗　成化本無。
〔九二〕某觀　成化本無。
〔九三〕某　成化本爲「可學」。
〔九四〕胡子　成化本無。
〔九五〕楊龜山　成化本爲「龜山」。
〔九六〕胡文定公　成化本爲「文定」。
〔九七〕取　成化本無。
〔九八〕胡大時字季隨　成化本無。
〔九九〕尋究　成化本無。
〔一〇〇〕入　成化本爲「入來」。
〔一〇一〕曰　成化本無。
〔一〇二〕乎　成化本無。
〔一〇三〕數　成化本此上有「此」。
〔一〇四〕黄直卿　成化本爲「直卿」。

〔一〇五〕淳　成化本無。
〔一〇六〕其　成化本無。
〔一〇七〕而　成化本無。
〔一〇八〕胡氏曰　成化本無。
〔一〇九〕五峰言　成化本無。
〔一一〇〕答　成化本無。
〔一一一〕此條閎祖録成化本無。
〔一一二〕五峰言　成化本無。
〔一一三〕同行而異情　成化本無。
〔一一四〕同體而異用説　成化本無。
〔一一五〕五峰云　成化本無。
〔一一六〕有　成化本作「是」。
〔一一七〕萬善總天地人物萬善至好底表德　成化本爲「萬善總名纔有一毫不善自是情之流放處如何却與人欲同體今人全不去看」。
〔一一八〕胡五峰　成化本爲「五峰」。
〔一一九〕皇　成化本作「星」。
〔一二〇〕此條僴録成化本無。
〔一二一〕先生言　成化本無。

〔一二二〕黄直卿　成化本爲「直卿」。
〔一二三〕曰　成化本爲「又曰」。
〔一二四〕只説　此二字原脱，據成化本補。
〔一二五〕此條蓋卿録成化本載於卷二十。
〔一二六〕尹氏門人　此目成化本載於卷一百二。
〔一二七〕郭立之　此目成化本載於卷一百一。
〔一二八〕立之子　成化本無。
〔一二九〕矣　成化本作「語」。
〔一三〇〕理一而分殊尤錯了　「而分殊尤錯了」六字原脱，據成化本補。

卷一百四

［一］却　成化本無。

［二］成化本此下注曰：「以下讀書。」

［三］大學用工甚多　此六字原缺，據成化本補。

［四］此條成化本載於卷十四。

［五］某　成化本此上有「胡叔器患精神短。曰：『若精神少也只是做去，不成道我精神少便不做。公只是思索義理不精，平日讀書只泛泛地過，不曾貼裏細密思量。公與安卿之病正相反。安卿思得義理甚精，只是要將那粗底物事都掉了。公又不去義理上思量，事物來皆奈何不得，只是不曾向裏去理會。如入市見鋪席上都是好物事，只是自家没錢買得。如書册上都是好説話，只是自家無奈他何。如黄兄前日説忠恕。忠恕只是體用，只是一個物事，猶形影，要除一個除不得。若未曉且看過去，却時復把來玩味，少間自見得。』叔器曰：『安之在遠方。望先生指一路脈去，歸自尋。』曰：『見行底便是路，那裏有别底路來？道理星散在事物上，却無總在一處底。而今只得且將論、孟、中庸、大學熟看。如論語上看不出，少間就孟子上看得出。孟子上底只是論語上底，不可道孟子勝論語。只是自家已前看不到，而今方見得到。』又問：『「優游涵泳，勇猛精進」字如何？』曰：『也不須恁地立定牌牓，淳録作「做題目」。也不須恁地起草，只做將去。』又問：『應事當何如？』曰：『士人在家有甚大事？只是着衣喫飯，理會眼前事而已。其他天下事，聖賢都説十分盡了。今無他法，爲高必因丘陵，爲下必因川澤，自家只就他説話上寄搭些工夫，便都

是我底。』」

［六］心　成化本無。

［七］必　成化本此下有「檢許多」。

［八］静　成化本爲「盡」。

［九］得　成化本此下有「大抵事要思量，學要講。如古人一件事有四五人共做，自家須看那人做得是，那人做得不是。又如眼前一件事有四五人共議，甲要如此，乙要如彼。自家須見那人説得是，那人説得不是。便待思量得不是，此心曾經思量一過，有時那不是底發我這是底。如十個物事，團九個不着，那一個便着，則九個不着底也不是枉思量。又如講義理有未通處，與朋友共講，十人十樣説，自家平心看那個不是。或他説是底却發得自家不是底，或十人都説不是，有時因此發得自家是底。所以適來説，有時是這處理會得，有時是那處理會得，少間便都理會得。只是自家見識到，别無法。學者須是撒開心胸，事事逐件都與理會過。未理會得底且放下，待無事時復將來理會，少間甚事理會不得」。

［一〇］淳　成化本爲「義剛」。此條成化本載於卷一百二十。又，成化本此條義剛録，底本分爲四條，皆注爲淳録。除此條外，另有三條載於卷一百十五。參該卷「問某有八字……只做將去」條，「問應事當如何……便都是我底」條，及「大凡事要思量……那件事理會不得」條。

［一一］了　成化本作「子」。

［一二］透　成化本無。

［一三］物　成化本無。

［一四］看　成化本無。

［一五］也　成化本無。
［一六］敢　成化本作「故」。
［一七］此條淳録成化本載於卷五。
［一八］方其　成化本無。
［一九］之間　成化本無。
［二〇］惺　成化本作「醒」。
［二一］陳仲濟所録一段云　成化本無。
［二二］先生曰　成化本録文詳，云「學者觀書先須讀得正文、記得注解，成誦精熟。注中訓釋文意、事物、名義，發明經指，相穿紐處，一一認得，如自己做出來底一般，方能玩味反覆，向上有透處。若不如此，只是虛設議論，如舉業一般，非爲己之學也。曾見有人説詩，問他關雎篇，於其訓詁名物全未曉，便説『樂而不淫，哀而不傷』。某因説與他道：『公而今説詩，只消這八字，更添「思無邪」三字，共成十一字，便是一部毛詩了。其他三百篇皆成查滓矣』」。
［二三］尹和靖　成化本爲「和静」。
［二四］最　成化本無。
［二五］李先生　成化本爲「先生」。
［二六］惻　成化本作「悚」。
［二七］全　成化本無。
［二八］閎祖　成化本爲「此一段係先生親書示書堂學者」。且此條成化本載於卷十一。

〔二九〕得　成化本無。
〔三〇〕成化本此下注曰：「以下窮理。」
〔三一〕且尋句内意隨文解義　成化本無。
〔三二〕孟子　成化本無。
〔三三〕答　成化本無。
〔三四〕爾　成化本無。
〔三五〕此條伯羽録成化本載於卷十三。
〔三六〕於　成化本無。
〔三七〕白　成化本作「曰」。
〔三八〕是　成化本爲「只是」。
〔三九〕李先生　成化本此下又有「李先生」。
〔四〇〕器之看文字見得快叔蒙亦看得好與前不同　成化本無。
〔四一〕空明時　成化本爲「虚明」。
〔四二〕那　成化本無。
〔四三〕似　成人本爲「便似」。
〔四四〕那　成化本爲「便見」。
〔四五〕廖子晦見得也　成化本爲「廖子晦門便只見得」。
〔四六〕此條義剛録成化本載於卷一百十三。

［四七］此條大雅録成化本載於卷一百二十四。
［四八］延平先生　成化本爲「李先生」。
［四九］此條賀孫録成化本載於卷一百三。
［五〇］如是者　成化本爲「知此」。
［五一］此條伯羽録成化本載於卷十三。
［五二］而　成化本無。
［五三］成化本此下注曰：「以下雜記。」
［五四］墜　成化本作「墮」。
［五五］誦　成化本無。
［五六］辛亥四月初四日……蔡念誠元思共聞之　成化本無。
［五七］成化本此下注曰：「論傳授。」
［五八］便　成化本無。
［五九］睹　成化本作「睹」。
［六〇］駑　成化本此上有「所謂」。
［六一］劉病翁　成化本爲「病翁」。
［六二］李先生　成化本無。
［六三］竟　成化本無。
［六四］某辛亥年夏時……其答亦如此云　成化本無。

〔六五〕却　成化本無。

〔六六〕被他　成化本無。

〔六七〕此條僩録成化本載於卷一百三十。

〔六八〕理　成化本無。

〔六九〕此條僩録成化本載於卷一百三十二。

〔七〇〕此條夔孫録成化本以部分内容爲注，夾於卷九十四載義剛録中。參底本卷九十五義剛録「義剛問動静無端……這也説得好」條。

〔七一〕答　成化本無。

〔七二〕罔　成化本作「同」。

〔七三〕如　成化本無。

〔七四〕唱　成化本無。

〔七五〕成化本此下注曰：「震録云：『區兄以「性也」之「性」爲氣禀之性，「有性焉」之「性」爲天命之性。』先生云：「某四十歲方得此説。不易！公思量得！」』又，此條蓋卿録成化本載於卷六十一。

〔七六〕巴　成化本作「把」。

〔七七〕歳　成化本無。

〔七八〕大抵　成化本無。

〔七九〕知　成化本作「只」。

〔八〇〕按丙辰冬語　成化本爲「丙辰冬」。

〔八一〕但言只於日用間體察……自無放過處　成化本爲「云云」。

〔八二〕廣　成化本爲「賀孫」。

〔八三〕又曰　成化本無。

〔八四〕按輔廣録同　成化本無。

卷一百五

［一］文　成化本作「有」。
［二］此條大雅録成化本載於卷十。
［三］答　成化本無。
［四］小學　成化本爲「小學之書」。
［五］在君爲君　成化本爲「在君爲臣」。
［六］何也　成化本無。
［七］此條賀孫録成化本載於卷十三。
［八］言朋友而　成化本無。
［九］此條卓録成化本載於卷十三。
［一〇］禁防　成化本爲「防禁」。
［一一］近人説　成化本爲「近來人説話」。
［一二］録　成化本無。
［一三］心游　成化本爲「游心」。
［一四］道夫　成化本作「驤」。
［一五］收入在　成化本爲「取入」。

[一六] 地那 成化本無。
[一七] 此條義剛録成化本載於卷一百。
[一八] 道夫問伊川云 成化本作「問」。
[一九] 個 成化本爲「一個」。
[二〇] 黄直卿 成化本爲「直卿」。
[二一] 便不是 成化本此下又有「便不是」。
[二二] 是 成化本此下注曰：「榦録作：『要理會得仁當就初處看。故元亨利貞而元爲四德之首。就初生處看便見得仁。』」
[二三] 有 成化本作「是」。
[二四] 在 成化本此下注曰：「榦録作：『亦是看其初意思。』」
[二五] 如 成化本此上有「問」。
[二六] 了 成化本此下注曰：「榦録作：『問：「物理固如此，就人心思慮上觀之如何？」曰：「思慮方萌，持守得定便是仁。如思慮方萌錯了便是賊其仁，當施爲時錯了便是賊其禮，當收斂時錯了便是賊其義，當貞静時錯了便是賊其智。凡物皆有個如此道理。」』」
[二七] 是 成化本此下注曰：「榦録作：『如春夏秋冬，春爲一歲之首，由是而爲夏、爲秋、爲冬，皆自此生出。所以謂仁包四德者，只緣四個是一個，只是一個。元却有元之元、元之亨、元之利、元之貞，又有亨之元、利之元、貞之元。曉得此意，則仁包四者尤明白。』」
[二八] 本條仁包四者 成化本無。

〔二九〕成化本此下注曰：「榦録稍異。」且此條道夫録成化本載於卷九十五。
〔三〇〕爲　成化本作「惟」。
〔三一〕時舉　成化本無。
〔三二〕者　成化本無。
〔三三〕夔孫　成化本爲「義剛」。
〔三四〕太極圖説　成化本無此目。
〔三五〕成化本此下注曰：「或録云：『真，理也；　精，氣也。理與氣合，故能成形。』」且此條賀孫録載於卷九十四。
〔三六〕中説　成化本無。
〔三七〕爲　成化本爲「以爲」。
〔三八〕者　成化本無。
〔三九〕成化本此下注有「集注」。且此條德明録載於卷五十九。
〔四〇〕節　成化本無。
〔四一〕陳　成化本無。
〔四二〕伊川　成化本此上有「上蔡諸公不把愛做仁，他見」。
〔四三〕説　成化本無。
〔四四〕此條淳録成化本載於卷六。
〔四五〕此條僩録成化本卷十二重複載入。

〔四六〕道夫　成化本爲「敬仲」。
〔四七〕此條節録成化本無。
〔四八〕云　成化本無。
〔四九〕折旋蟻封如何是蟻封　成化本爲「蟻封」。
〔五〇〕蟻封　成化本無。
〔五一〕解　成化本爲「初解」。
〔五二〕後見人説有之……而改其説焉　成化本爲「後過北方親見有之遂改其説」。
〔五三〕卓僩録同　成化本作「僩」。
〔五四〕又問主一銘　成化本爲「問主一」。
〔五五〕存　成化本作「容」。
〔五六〕寓　成化本無。
〔五七〕切　成化本無，但成化本「迫」下另有「却無此理。除非那人做工夫大段嚴迫，然後勸他勿迫切」。
〔五八〕寓　成化本無。此條寓録卷一百二十二重複載入，但文字稍有差異，參該卷「説要編通鑑綱目不成……題目之類太多」條。
〔五九〕正　成化本無。
〔六〇〕爲　成化本此上有「宗室」。
〔六一〕家禮　成化本無此目。
〔六二〕祭儀　成化本無此目。

〔六三〕是　成化本無。

〔六四〕此條廣録成化本載於卷九十。

〔六五〕韓文考異　成化本無此目。

〔六六〕此條淳録成化本無。但成化本卷一百三十七義剛録與此相類，參成化本該卷義剛録「先生考訂韓文公與大顛書……亦間有然者」條。

〔六七〕警世圖　成化本無此目。

〔六八〕此條道夫録成化本載於卷一百三十八。

卷一百六

〔一〕某　成化本無。
〔二〕某與説及此　成化本爲「與説及」。
〔三〕地　成化本無。
〔四〕植録同　成化本無。
〔五〕能　成化本此下有「得」。
〔六〕廳　成化本無。
〔七〕知　成化本無。
〔八〕無　成化本此上有「極」。
〔九〕鍾　成化本作「種」。
〔一〇〕是　成化本無。
〔一一〕石　成化本作「碩」。下一同。
〔一二〕使一　成化本無。
〔一三〕郭兄言本朝之守令極善　成化本録文詳，云「因論封建，曰：『此亦難行。使膏粱之子弟不學而居士民上，其爲害豈有涯哉！且以漢諸王觀之，其荒縱淫虐如此，豈可以治民！故主父偃勸武帝分王子弟而使吏治其國，故禍不及民。所以後來諸王也都善弱，蓋漸染使然。積而至於魏之諸王，遂使人監守，雖飲食亦皆禁制，更存活不得。及至晉懲其弊，諸王各使之典大藩，總强兵，相屠相戮，馴致大亂。』僩云：『監防太密則有魏之傷恩，若寬去繩勒，又有晉之禍亂，恐皆是無古人教養之法故爾。』曰：『那個雖教，無人奈得他何。』或言：『今之守令亦善』。且「善」下注曰：「卓録起此，作『郭兄問』。」

［一四］無權　成化本爲「之權太輕」，且「輕」下注曰：「卓録作『無權』。」

［一五］之　成化本無。

［一六］盡刮刷　成化本作「皆括」。

［一七］大亂　成化本爲「之變」。

［一八］而然也　成化本爲「故也」。

［一九］有某賊圍京西某州太守無力拒之太守姓晁忘其名　成化本爲「淮南盜王倫破高郵郡守晁仲約以郡無兵財」。

［二〇］斂金帛賂之　成化本爲「開門犒之」，且「之」下注曰：「卓録作『斂金帛賂之』。」

［二一］後來朝廷聞之富鄭公大怒　成化本爲「後來富鄭公聞之人怒」。

［二二］太守　成化本爲「守臣」。

［二三］者　成化本無。

［二四］不可　成化本無。

［二五］他　成化本爲「俾之」。

［二六］他　成化本爲「守臣」。

［二七］姑可　成化本無。

［二八］罪之也　成化本此下有「以爲罪耶」。

［二九］推　成化本作「責」。

［三〇］介甫　成化本此下注曰：「僩。卓録今附于下。」

［三一］之　成化本無。

［三二］租　成化本作「粗」。

［三三］之　成化本無。

［三四］任　成化本作「政」。

［三五］他　成化本無。

［三六］此條卓録成化本分爲兩條，其中「因論封建……如何盡責得介甫」爲一條，注爲僩録；「介甫只是刮刷太甚……只得如此處」爲一條，注爲卓録。且皆載於卷一百八。

［三七］於其説　成化本無。

［三八］此　成化本此下注曰：「賀孫聞之先生云：『因出謁回，即使吏杖之譙樓下，方始交割。』」

［三九］人傑録同而略今附云　成化本爲「人傑録云」。

［四〇］軍　成化本無。

［四一］浙東提舉　成化本爲「浙江」，且此目上有「總論作郡」一目。

［四二］其　成化本無。

［四三］言　成化本無。

［四四］軍　成化本無。

〔四五〕府　成化本無。

〔四六〕注意　成化本爲「留意」。

〔四七〕遂　成化本無。

〔四八〕寓同而少異　成化本爲「寓録少異」。

〔四九〕此條道夫録成化本無。

〔五〇〕謨曰　成化本作「問」。

〔五一〕蠧　成化本作「蠹」。

〔五二〕陵西　成化本爲「陝西」。

〔五三〕何如　成化本爲「何故」。

〔五四〕者　成化本無。

〔五五〕陳安卿　成化本爲「安卿」。

〔五六〕鄙　成化本無。

〔五七〕黄直卿　成化本爲「直卿」。

〔五八〕那　成化本無。

〔五九〕争　成化本此下注曰：「淳録云：『因論封建井田，曰：「大概是如此，今只看個大意。若要行時，須別立法制使簡易明白，取於民者足以供上之用，上不至於乏而下不至於苦，則可矣。今世取封建井田大段遠。」』」

〔六〇〕却　成化本作「恰」。

〔六一〕據某看來　成化本無。

〔六二〕而今只是如江浙間　成化本爲「如浙間」。
〔六三〕那　成化本無。
〔六四〕子　成化本無。
〔六五〕後　成化本無。
〔六六〕着　成化本無。
〔六七〕處　成化本此下注曰：「淳録云：『如漳之鹽錢罷了。』」
〔六八〕此説　成化本無。
〔六九〕似而　成化本無。
〔七〇〕你而今好看教縣中省解些月椿　成化本爲「而今縣中若省解些月椿」。
〔七一〕在　成化本此上有「某」。
〔七二〕後來運司發文字下來取　成化本爲「運司來取」。
〔七三〕了　成化本此下注曰：「淳録云：『見暢潛道録，想是他經歷世故之多，見得事勢不可行。』」
〔七四〕今　成化本無。
〔七五〕得　成化本此下注曰：「淳録云：『柳子厚説得世變也是。但他只見得後來不好處，不見得古人封建底好意。』」
〔七六〕嘗　成化本無。
〔七七〕便　成化本無。
〔七八〕但　成化本無。

［七九］得　成化本此下注曰：「淳録云：『若論主父偃後底封建，則皆是王族貴驕之子，不足以君國子民，天子使吏治其國而已。』」

［八〇］你　成化本無。

［八一］恁地　成化本無。

［八二］那裏　成化本作「却」。

［八三］處　成化本此下注曰：「淳録云：『封建以大體言之，却是聖人公共爲民底意思，是爲正理。以利害計之：第一世所封之功臣猶做得好在，第二世繼而立者個個定是不曉事，則害民之事靡所不爲。百姓被苦來訴國君，因而罷了也不是，不與他理會亦不是。未論別處如何，只這一處利少而害多，便自行不得。』」

［八四］做　成化本無。

［八五］王　成化本此下注曰：「淳録作『桂國之君』。」

［八六］去　成化本此下注曰：「淳録作『他定以荒僻不樂於行』。」

［八七］它　成化本無。

［八八］去　成化本此下注曰：「淳録作『一時功臣皆樂於在京而不肯行』。」

［八九］那京師快活後　成化本爲「京師快活」。

［九〇］起　成化本此下注曰：「淳録作『符堅封功臣於數國，不肯去，迫之使去』。」

［九一］而今如　成化本無。

［九二］照　成化本此下注曰：「淳録作『子由論封建，引證又都不着』。」

［九三］籠羅　成化本爲「牢籠」。

〔九四〕有　成化本作「可」。
〔九五〕成化本此下注曰：「淳録作數條。」且此條義剛録載於卷八十六。而淳所録分爲四條，載於卷一百八。參底本該卷淳録「因論封建井田……此便是小太平了」條，「封建以大體言之……便自行不得」條，「封建實是不可行……亦做不成」條，「封建柳子厚説得世變也是……只願在京作仁和縣尉」條。
〔九六〕人　成化本作「了」，屬上讀。
〔九七〕一　成化本無。
〔九八〕又　成化本無。
〔九九〕便　成化本此上有「不知下替」。
〔一〇〇〕往前　成化本無。
〔一〇一〕自　成化本無。
〔一〇二〕其　成化本無。
〔一〇三〕到　此字原缺，據成化本補。
〔一〇四〕裹　此字原缺，據成化本補。
〔一〇五〕此條人傑録成化本載於卷一百三十二。
〔一〇六〕此條人傑録成化本作爲注，附於必大録録尾。參成化本卷一百六必大録「因論漳泉行經界事……蓋朝廷多故之時也」條。又，成化本於人傑録後又附一條爲注，參底本卷一百二十九「立事之人須要硬擔當……是他見得魏公有不可及處」條。
〔一〇七〕此條僩録成化本載於卷一百十一。

［一〇八］苟惟不明　成化本爲「苟不用」。
［一〇九］所謂號令者　成化本爲「號令」。
［一一〇］心　成化本此下注有「言經界」。
［一一一］此條道夫録成化本載於卷一百八。
［一一二］獨　成化本爲「獨行」。
［一一三］後去　成化本無。
［一一四］兹著　成化本無。
［一一五］人　成化本無。
［一一六］其　成化本作「某」。
［一一七］三　成化本作「二」。
［一一八］此條淳録成化本載於卷一百八。
［一一九］區　此字原缺，據成化本補。
［一二〇］知　成化本無。
［一二一］上　成化本無。
［一二二］下位　成化本無。
［一二三］某在潭州見前後　成化本爲「潭州」。
［一二四］處　成化本作「某」。
［一二五］大　此字原脱，據萬曆本補。

卷一百七

［一］父　成化本爲「父兄」。
［二］途　成化本作「涂」。
［三］當　成化本作「速」。
［四］奏　成化本無。
［五］所　成化本無。
［六］果　成化本此下有「皆」。
［七］事　成化本無。
［八］之　成化本無。
［九］於　成化本無。
［一〇］此條道夫録成化本載於卷一百二十七。
［一一］浙西當平事　成化本爲「浙東常平事」。
［一二］劇　成化本作「極」。
［一三］此條儒用録成化本載於卷一百二十七。
［一四］光宗朝　成化本無此目。
［一五］此條學蒙録成化本無。

〔一六〕年　成化本無。
〔一七〕時有人言　成化本爲「時人有言」。
〔一八〕改　成化本此下有「文字至」。
〔一九〕此條義剛録成化本載於卷一百二十七。
〔二〇〕今上寧宗　成化本爲「寧宗朝」。
〔二一〕卷十所載方子録與此條相類，但文字略有差異，參該卷方子録「今人讀書看未到這裏……一齊記得方是」條。
〔二二〕此條人傑録成化本無。
〔二三〕文　成化本無。
〔二四〕二　成化本作「三」。
〔二五〕宣祖　成化本爲「僖祖」。
〔二六〕宣祖　成化本爲「僖祖」。
〔二七〕只於上前　成化本爲「只入文字又於上前」。
〔二八〕又如　成化本無。
〔二九〕序　成化本作「户」。
〔三〇〕僖祖今祧……孝宗今八世　成化本無。
〔三一〕而　成化本無。
〔三二〕廟　成化本無。

〔三三〕面　成化本作「向」。
〔三四〕廟　成化本無。
〔三五〕宣順翼　成化本爲「順翼宣」。
〔三六〕寓録同　成化本無。
〔三七〕桉柢　成化本爲「揔底」。
〔三八〕先生時爲修撰　成化本無。
〔三九〕此條閎祖録成化本分爲兩條，其中「祧僖祖之議……卒祧僖祖云」爲一條，「實録院略無統紀……唯葉正則不從」爲一條。
〔四〇〕論　成化本作「儒」。
〔四一〕議　成化本無。
〔四二〕前某年月　成化本爲「前年某月」。
〔四三〕且如而今　成化本作「如」。
〔四四〕記　成化本作「説」。
〔四五〕那　成化本無。
〔四六〕又有差除後去了底時　成化本爲「又有差除去了底」。
〔四七〕今年　成化本爲「元年」。
〔四八〕曆　成化本爲「日曆」。
〔四九〕那　成化本無。

[五〇]在　成化本作「去」。
[五一]來一　成化本爲「將」。
[五二]復修成者　成化本爲「不復修者」。
[五三]本人之　成化本無。
[五四]今來　成化本作「今時」。
[五五]是　成化本無。
[五六]知得　成化本無。
[五七]賀孫　成化本爲墨丁。
[五八]三十　成化本無。
[五九]託　成化本作「既」。
[六〇]已　成化本無。
[六一]韓侂胄　成化本爲「侂胄」。
[六二]官　成化本作「國」。
[六三]且説來　成化本無。
[六四]評　成化本作「謂」。
[六五]僧　成化本無。
[六六]成化本此下注有「閎祖」。
[六七]成化本此下注有「同」。

〔六八〕子 成化本此下注曰：「賜録云：『且以利害禍福言之，此是至粗底。此處人只信不及，便講學得待如何？亦没安頓處。』」

〔六九〕成化本此下注曰：「賜録作『如履平地』。」

〔七〇〕道 成化本作「之」。

〔七一〕打空 此二字原缺，據萬曆本補。

〔七二〕此條寓録成化本載於卷一百二十三。

〔七三〕答 成化本無。

〔七四〕黄直卿請 成化本爲「直卿勸」。

〔七五〕疾 成化本作「病」。

〔七六〕義剛 成化本無。

〔七七〕按此條問先生服 成化本無。

〔七八〕或 成化本此上有「某於相法却愛苦硬清癯底人，然須是做得那苦硬底事。若只要苦硬而不知爲學，何貴之有？而今朋友遠處來者或有意於爲學，眼前朋友大率只是據見定了更不求進步。而今莫説更做甚工夫，只真個看得百十字精細底也不見有」。

〔七九〕見得那好底 成化本爲「見做得好底」。

〔八〇〕在 成化本無。

〔八一〕裂 成化本此下有「底」。

〔八二〕説他如何曉得我底意思今人盡要去求合試官 此十九字原脱，據上下文及成化本補。

［八三］而今只是令那亂道底考試　成化本爲「而今只念那亂道底賦」。
［八四］富　成化本作「多」。
［八五］來　成化本無。
［八六］息　成化本此下有「者」。
［八七］卓　成化本作「倜」，且此條載於卷一百二十一。
［八八］此條道夫録成化本載於卷一百六。
［八九］相　成化本作「是」。
［九〇］被　成化本此下有「他」。
［九一］父　成化本無。
［九二］此條道夫録成化本載於卷一百三十二。
［九三］來　成化本此下注曰：「先是趙昌父書曰：『教存君了樂，朋自遠方來。』故嗣歲先生自家易之以此。」
［九四］須　成化本作「領」。
［九五］此條可學録成化本載於卷十三。

卷一百八

［一］上　此字原脱，據上下文及成化本卷八十六義剛録所夾淳録補。

［二］下　此字原脱，據上下文及成化本卷八十六義剛録所夾淳録補。

［三］此條淳録成化本以部分内容爲注，夾於卷八十六義剛録中，參底本卷一百六義剛録「陳安卿問二十而一……你如何知得無一個人似舜」條。

［四］共　成化本爲「公共」。

［五］乃　成化本無。

［六］民　成化本此下有「之事」。

［七］亦　成化本作「也」。

［八］害　此字原缺，據上下文及成化本補。

［九］此條淳録成化本作爲注，夾於卷八十六義剛録中，參底本卷一百六義剛録「陳安卿問二十而一……你如何知得無一個人似舜」條。

［一〇］觀　成化本無。

［一一］多　成化本無。

［一二］此條成化本以部分内容爲注，夾於卷八十六義剛録中，參底本卷一百六義剛録「陳安卿問二十而一……你如何知得無一個人似舜」條。

［一三］民　成化本爲「士民」。

［一四］善　成化本此下注曰：「卓録起此，作『郭兄問』。」

［一五］輕　成化本此下注曰：「卓録作『無權』。」

［一六］之　成化本此下注曰：「卓録作：『斂金帛賂之。』」

［一七］按或言守令……故不敢節略而並存　成化本爲「卓録附于下」。成化本此下所附卓録，底本另作一條載於卷一百六，參底本該卷卓録「郭兄言本朝之守令極善……只得如此處」條。

［一八］成化本此下注曰：「以下春秋。」且此條僩録載於卷一百三十四。

［一九］據　成化本無。

［二〇］聞　成化本作「學」。

［二一］之　成化本作「盡」。

［二二］此條可學録成化本載於卷五十五。

［二三］自　成化本作「是」。

［二四］然實是　成化本爲「亦是」。

［二五］成化本此下注有「德明」。

［二六］今　成化本作「多」。

［二七］成化本此下注曰：「德明録云：『問：「今日之治當以何爲先？」曰：「只是要得人。」』」此條德明録底本另作一條，參本卷。

［二八］方　成化本無。

〔二九〕先生云　成化本作「曰」。

〔三〇〕先生云　成化本作「曰」。

〔三一〕曰　成化本無。

〔三二〕是則自非　成化本爲「若是則非」。

〔三三〕先生云　成化本作「曰」。

〔三四〕先生云　成化本作「曰」。

〔三五〕溢　成化本作「洫」。

〔三六〕將　成化本無。

〔三七〕於　成化本作「放」。

〔三八〕此條閎祖録成化本載於卷九十一。

〔三九〕五品以上適着紫袍六品以下兼用緋緑　成化本爲「三品以上服紫五品以上服緋六品以下服緑」。

〔四〇〕案　成化本作「等」，屬上讀。

〔四一〕會　成化本作「漸」。

〔四二〕脚　成化本此下有「軟巾」。

〔四三〕朝恩　成化本爲「魚朝恩」。

〔四四〕庚　成化本爲「學蒙與上條聞同」。且此條載於卷九十一。同聞所録者爲僩録「因言服制之變……又有兩脚上下者亦莫可曉」條，參底本卷九十一。

〔四五〕此條淳録成化本載於卷一百七。

〔四六〕也只　成化本無。
〔四七〕試看　成化本無。
〔四八〕無少差　成化本無。
〔四九〕此條賀孫録成化本載於卷一百七。
〔五〇〕却　成化本無。
〔五一〕濟　成化本此下有「之」。
〔五二〕竊謂　成化本無。
〔五三〕須　成化本無。
〔五四〕若　成化本作「却」。
〔五五〕而　成化本無。
〔五六〕能　成化本此下有「爲矣」，且此條尾注有「謙」，載於卷一百十。
〔五七〕議更張　成化本無。
〔五八〕爲　成化本作「焉」。
〔五九〕它　成化本無。
〔六〇〕難　成化本重「難」。
〔六一〕處　成化本作「措」。
〔六二〕此條德明録成化本作爲注附於僩録録尾，參本卷僩録「居今之世……以今觀之信然」條。
〔六三〕是　成化本無。

〔六四〕則　成化本無。

〔六五〕成化本此下注曰：「或録云：『問：「天地生一世人自足了一世用，但患人不能盡用天地之才，此其不能大治。若以今世論之，則人才之可數者亦可見矣，果然足以致大治乎？」曰：「不然。人只是這個人，若有聖賢出來，只它氣焰自薰蒸陶治了無限人才，這個自争八九分。少間無狀者、惡者自消爍不敢使出，各求奮勵所長而化爲好人矣。而今朝廷意思略轉，則天下之人便皆變動。況有大聖賢者出，甚麽樣氣魄！那個盡薰蒸了，小人自是不敢放出無狀，以其自私自利辦事之心而爲上之用，皆是有用之人矣。」』」

〔六六〕域　成化本作「塗」。

〔六七〕皆　成化本作「世」。

〔六八〕亦　成化本爲「亦須」。

〔六九〕退　成化本此下有「者」。

〔七〇〕以　成化本無。

〔七一〕人　成化本無。

〔七二〕相　成化本無。

〔七三〕反　成化本作「及」。

〔七四〕了　成化本爲「了了」。

〔七五〕恁　成化本無。

〔七六〕耳　成化本無。

〔七七〕道　成化本此下有「學説」。

〔七八〕着　成化本無。
〔七九〕依前只是　成化本爲「只是個」。
〔八〇〕會　成化本此下有「去」。
〔八一〕不　成化本爲「却不曾」。
〔八二〕利　成化本作「福」。
〔八三〕顛傾　成化本爲「顛仆而傾」。
〔八四〕某人議論專是如此　成化本爲「浙中諸公議論多是如此」。
〔八五〕每　成化本無。
〔八六〕説　成化本此下有「個」。
〔八七〕是　成化本無。
〔八八〕如此　成化本無。
〔八九〕不知得　成化本爲「知他」。
〔九〇〕是　成化本無。
〔九一〕正大　成化本爲「光明正大」。
〔九二〕法　成化本作「目」。
〔九三〕將　成化本爲「且令」。
〔九四〕天下事　成化本爲「於天下之事」。
〔九五〕會　成化本此下有「道理自分明」。

〔九六〕不　成化本作「未」。

〔九七〕要　成化本爲「先要」。

〔九八〕有　成化本作「無」。

〔九九〕個　成化本爲「先後」。

〔一〇〇〕序　成化本此下有「今未曾理會得正心、修身，便先要治國、平天下」。

〔一〇一〕自身己上事　成化本爲「自己上事業」。

〔一〇二〕聖人　成化本無。

〔一〇三〕人　成化本爲「今人」。

〔一〇四〕别　成化本作「更」。

〔一〇五〕流　成化本此下有「是如何」。

〔一〇六〕是　成化本作「又」。

〔一〇七〕後　成化本此下有「緩急」。

〔一〇八〕敬　成化本此下有「曰：『如斯而已乎？』曰：『修己以安人』」。

〔一〇九〕言語　成化本爲「容貌」。

〔一一〇〕何　成化本作「豈」。

〔一一一〕之　成化本無。

〔一一二〕數　成化本爲「數年」。

〔一一三〕甚　成化本無。

〔一一四〕此條僴録成化本載於卷七十三。

〔一一五〕定　成化本作「足」。

〔一一六〕答　成化本無。

〔一一七〕言道至貴者不一而足　成化本無。

〔一一八〕蓋　成化本無。

〔一一九〕面　成化本無。

〔一二〇〕成化本此下注有「節」，此條載於卷九十四。

〔一二一〕後　成化本作「復」。

〔一二二〕此　成化本此下有「後此相見，不知又如何」。

〔一二三〕追　成化本作「進」。

〔一二四〕女夫　王本爲「丈夫」。

卷一百九

〔一〕有　成化本作「亦」。
〔二〕似　成化本無。
〔三〕士自四方來遠至太學　成化本爲「士自四方遠來至太學」。
〔四〕今　成化本無。
〔五〕爲之　成化本無。
〔六〕某　成化本爲「可學」。
〔七〕之　成化本無。
〔八〕魏公　成化本爲「陳魏公」。
〔九〕陳作陳魏公　成化本無。
〔一〇〕淳録同　成化本無。
〔一一〕語　成化本作「論」。
〔一二〕固　成化本無。
〔一三〕其所　成化本無。
〔一四〕之　成化本作「三」。
〔一五〕之　成化本無。

〔一六〕人　成化本無。
〔一七〕只是念這個物事　成化本爲「只念這物事」。
〔一八〕是　成化本無。
〔一九〕哉　成化本作「或」，屬下讀。
〔二〇〕也　成化本無。
〔二一〕底　成化本無。
〔二二〕在　成化本無。
〔二三〕自有　成化本爲「已自」。
〔二四〕夾　成化本作「來」。
〔二五〕但　成化本此下有「以」。
〔二六〕一　成化本作「七」。
〔二七〕怒　成化本無。
〔二八〕人　成化本作「又」。
〔二九〕他州　成化本無。
〔三〇〕是　成化本無。
〔三一〕他　成化本無。
〔三二〕至　成化本無。
〔三三〕你　成化本無。

［三四］討　成化本無。
［三五］地　成化本無。
［三六］都　成化本無。
［三七］包　成化本爲「包顯道」。
［三八］他　成化本無。
［三九］後　成化本無。
［四〇］三　成化本作「二」。
［四一］之　成化本無。
［四二］之　成化本無。
［四三］庚　成化本無。
［四四］自　成化本無。
［四五］言　成化本此上有「原道」。
［四六］原道　成化本爲「本論」。
［四七］顧　成化本作「故」。
［四八］如　成化本無。
［四九］此　成化本無。
［五〇］政　成化本作「兵」。
［五一］格　成化本作「革」。之　成化本無。

［五二］補　成化本作「稍」。

［五三］此條伯豐録成化本無。

［五四］遂　成化本無。

［五五］法　成化本無。

［五六］且如　成化本無。

［五七］成化本此下注有「賀孫」。

［五八］咤異　成化本爲「差異」。下二同。

［五九］此條賀孫録成化本載於卷十三。

［六〇］猶自　成化本無。

［六一］都　成化本無。

［六二］是　成化本無。

［六三］人教　成化本爲「教人」。

［六四］白直　此二字原缺，據成化本補。

［六五］號喚　成化本爲「喚做」。

［六六］有　成化本作「其」。

［六七］面　成化本無。

［六八］這　成化本無。

［六九］這　成化本無。

〔七〇〕求　成化本作「來」。
〔七一〕裹　成化本無。
〔七二〕且如　成化本無。
〔七三〕行　成化本作「待」。
〔七四〕舌　成化本無。
〔七五〕行　成化本此上有「建議」。
〔七六〕貢　成化本此上有「自州學」。
〔七七〕之　成化本無。
〔七八〕動不動便只是請囑之私若便把這個爲補試　此十八字原脱，據上下文及成化本補。
〔七九〕趙子直　成化本無。
〔八〇〕又　成化本此上有「然」。
〔八一〕這個　成化本無。
〔八二〕個　成化本無。
〔八三〕而恩慶數厚　成化本爲「恩數厚」。
〔八四〕也　成化本無。
〔八五〕此　成化本無。
〔八六〕恩命　成化本無。
〔八七〕又　成化本爲「人人」。

〔八八〕所以要入太學只緣是如此　成化本無。

〔八九〕渡江初　成化本無。

〔九〇〕爲門人　成化本無。

卷一百十

［一］郡　成化本爲「州郡」。
［二］報稱　成化本作「稱」。
［三］按竇從周録略同……遂至偏廢　成化本無。
［四］待押得人來　成化本爲「押得來」。
［五］之　成化本無。
［六］對　成化本無。
［七］既　成化本此上有「兵」。
［八］安　成化本無。
［九］三　成化本無。
［一〇］此　成化本爲「此間」。
［一一］是　成化本作「有」。
［一二］盡　成化本作「蓋」。
［一三］計　成化本無。
［一四］一旦將如何用得　成化本爲「一旦如何用」。
［一五］如此　成化本無。

〔一六〕而　成化本此下有「節鎮」。
〔一七〕有　成化本此上有「至」。
〔一八〕其間　成化本無。
〔一九〕所　成化本無。
〔二〇〕有　成化本無。
〔二一〕自亦　成化本無。
〔二二〕良久　成化本無。
〔二三〕又　成化本無。
〔二四〕與　成化本無。
〔二五〕指揮　成化本無。
〔二六〕費　成化本爲「所費」。
〔二七〕池陽　王本爲「徐揚」。
〔二八〕成　王本作「歲」。
〔二九〕齊景　成化本爲「齊景公」。
〔三〇〕戮　成化本無。
〔三一〕田　成化本無。
〔三二〕上面即　成化本無。

〔三三〕命　成化本此下有「處」。

〔三四〕憐　成化本無。

〔三五〕如此則　成化本無。

〔三六〕小大　成化本爲「大小」。

卷一百十一

〔一〕此條人傑録成化本無。但成化本卷一百十一載必大録曰：建寧迎神。先生曰：「孟子言『我亦欲正人心，息邪説，詎詖行，放淫辭』，今人心都喎邪了，所以如此。泉州一富室捨財造廟，舉室乘舟往廟所致祭落成，中流舟溺，無一人免者。民心不得其正，眼前利害猶曉不得，况欲曉之以義理哉！」且其録尾注曰：「必大。人傑録略。教民。」

〔二〕減　成化本無。

〔三〕脱淨　成化本爲「肌膚」。

〔四〕今　成化本無。

〔五〕然減放那五萬貫内只是無名額外錢　成化本爲「然未減放那五萬貫尚是無名額外錢」。

〔六〕若如　成化本無。

〔七〕限　成化本此下注曰：「因言賦重民困，曰：『此去更須重在。』」

〔八〕成化本此下注有「取民」。

〔九〕這　成化本無。

〔一〇〕極甚　成化本無。

〔一一〕淳録同　成化本無。

〔一二〕人　成化本作「三」。

〔一三〕其　成化本作「某」。
〔一四〕果是　成化本無。
〔一五〕見　成化本作「有」。
〔一六〕人　成化本無。
〔一七〕從而　成化本無。
〔一八〕重　此字原脱，據上下文及成化本補。
〔一九〕故福建不如江西……浙東不如浙西　成化本爲「浙中不如福建浙西又不如浙東江東又不如江西」。
〔二〇〕義剛陳淳録同　成化本爲「淳義剛同」。
〔二一〕十　此字原缺，據賀本補。
〔二二〕此條升卿録成化本載於卷一百六。
〔二三〕此條敬仲録成化本無。
〔二四〕成化本此下注有「賑民」。
〔二五〕得　成化本無。
〔二六〕保正　成化本無。
〔二七〕給俸　成化本爲「俸給」。
〔二八〕自　成化本作「日」。
〔二九〕者　成化本無。
〔三〇〕叔伯兄弟之親　成化本爲「伯叔兄弟」。

[三一] 其直　成化本作「真」。

[三二] 又宗室選人之待闕者　成化本爲「宗室選人待闕」。

[三三] 創於徽宗朝　成化本無。

[三四] 西外在福州南外在泉州　成化本無。

[三五] 則　成化本無。

[三六] 子　成化本無。

[三七] 人　成化本無。

[三八] 人　成化本無。

[三九] 宦　原作「官」，據下文及萬曆本改。

[四〇] 盡　成化本無。

[四一] 宦　原作「官」，據上文及萬曆本改。

[四二] 宦　原作「官」，據上文及萬曆本改。

[四三] 指名　成化本無。

[四四] 太子　成化本作「之子」。

[四五] 淵聖是時一子　成化本無。

[四六] 其　成化本無。

[四七] 人　成化本無。

[四八] 可痛　成化本無。

[四九] 此條淳録成化本載於卷一百二十八。

［五〇］其實却是　成化本作「却」。
［五一］其意　成化本無。
［五二］此條道夫録成化本載於卷一百二十八。
［五三］此條道夫録成化本載於卷一百十，且僅有「今兵官愈多，兵愈不精」九字。
［五四］等　成化本無。
［五五］此壞錢之端　成化本無。

卷一百十二

〔一〕使　成化本無。

〔二〕個　成化本無。

〔三〕陳亮同父　成化本爲「陳同父」。

〔四〕刺史　成化本無。

〔五〕事　成化本作「重」。

〔六〕公　成化本此下注曰：「或録云：『自古文尚書出方有周官篇。伏生口授二十五篇無周官，故漢只置太尉、司徒、司空爲三公，而無周三公、三少，蓋未見古文尚書。』」

〔七〕等　成化本作「尊」。

〔八〕所謂專役　成化本爲「所傳授」。

〔九〕惟　成化本作「爲」。

〔一〇〕太師　成化本爲「太保」。

〔一一〕得除此　成化本作「除」。

〔一二〕王子　成化本作「王」。

〔一三〕説　成化本作「訛」。

〔一四〕節　成化本此下注曰：「或録云：『今加三公者又須加節度使，朝廷又極惜節度使，蓋節度使每月請俸千餘緡，所以不輕授人。本朝如韓、富、文、杜諸公，欲加三公、少須建節，不知是甚意。』」

［一五］矣　成化本此下注曰：「或録云：『「或和開府抹過加三公三少者有之。」又曰：「檢校開府以上，蔭子便得文官。文臣爲樞密直學士者，蔭子反得武官，如富鄭公家子弟有爲武官者是也。五代以武臣爲樞密使，武臣或不識字，故置樞密直學士，令文臣輔之，故奏子皆得武官，本朝因而不廢。文官自金紫轉特進開府，然後加三公三少，如富、韓諸公是如此。本朝置三太三少而無司徒、司馬、司空之三公。然韓、杜諸公有兼司徒、司空，又有守司空者，皆不可曉。」』」

［一六］又曰　成化本無。

［一七］然　成化本此下注曰：「饒録云：『蓋已前贈者皆是以中書令兼尚書令，神宗特贈尚書令者，其禮極重。』」

［一八］令　成化本此下有「今後更不除尚書令」。

［一九］非本朝太宗　成化本無。

［二〇］辭　成化本無。

［二一］雄　成化本此上有「極」。

［二二］改易　成化本爲「少有更易」。

［二三］多　成化本作「房」。

［二四］其　成化本作「尹」。

［二五］儒用　成化本無。且成化本此條與下條合爲一條。

［二六］官　成化本無。

［二七］主　成化本此下注曰：「或録云：『或執唾壺虎子之屬，行幸則從，其初職甚微。』」

［二八］人　成化本無。

［二九］宰相如都吏　成化本無。

［三〇］重　成化本爲「日重」。

［三一］者　成化本此下注曰：「或録云：『故置中尚書，以宦者爲之。』」

［三二］更　成化本無。

［三三］閣　成化本此下注曰：「或録云：『臺即尚書，閣即禁中也。』」

［三四］書　成化本此下注曰：「或録作『中尚書』。」

［三五］卿　成化本此下注曰：「或録云：『三公之權反不如九卿，所以漢世宦者弄權用事。』」

［三六］在　成化本無。

［三七］官　成化本此下注曰：「或録云：『置中書。』」

［三八］令　成化本此下注曰：「或録作『監』。」

［三九］耶　成化本此下注曰：「或録云：『「蓋尚書又不如中書之居中用事親密也。」問：「侍中是時爲何官？」曰：「黄門監即今之門下省。左右散騎常侍皆黄門監之屬也。」』」

［四〇］尚書省　成化本無。

［四一］魏下后　成化本爲「漢元后」。

［四二］猶今言省中禁中　成化本無。

［四三］成化本此下注曰：「或録少異。」按，此條所注「或録」，底本另作一條載於卷七十九，參該卷「問司馬

司徒司空三公三少之官……如今云陛下殿下之類」條。

［四四］其風力者而與　成化本爲「其無風力者且與」。又，「與」字原缺，據成化本補。

［四五］皆　成化本無。

［四六］某人　成化本爲「劉湛」。

［四七］話　成化本作「語」。

［四八］蔽　成化本此下有「當時於大臣已爲之處置」。

［四九］漢宣帝　成化本爲「漢宣」。

［五〇］淳　成化本爲「義剛」。

［五一］做　成化本無。

［五二］某嘗説　成化本無。

［五三］此條廣録成化本載於卷一百八。

［五四］無　成化本無。

［五五］此條德明録成化本載於卷一百八。

［五六］答　成化本無。

［五七］成化本此下注有「大雅」。且此條載於卷一百二十九。

［五八］然　成化本無。

［五九］所有　成化本無。

［六〇］看如　成化本無。

〔六一〕都　成化本無。

〔六二〕麼　成化本無。

〔六三〕於　成化本無。

〔六四〕此條賀孫録成化本載於卷一百二十八。

〔六五〕又曰　成化本無。

〔六六〕也　成化本無。

〔六七〕兵　成化本作「軍」。

〔六八〕且　成化本作「具」。

〔六九〕又　成化本作「只」。

〔七〇〕親　成化本作「雜」。

〔七一〕紫騶馬去　成化本爲「紫騮馬」。

〔七二〕騶　賀本作「騮」。

〔七三〕多　成化本無。

〔七四〕成化本此下注有「雉」。且此條載於卷一百二十七。

〔七五〕此條方子録成化本載於卷一百二十八。

〔七六〕此條人傑録成化本載於卷一百二十八。

〔七七〕此條人傑録成化本載於卷一百二十八。

〔七八〕此條道夫録成化本載於卷一百十。

［七九］成化本此下注有「擇將帥」。且此條可學録載於卷一百十。

［八〇］此條謙録成化本載於卷一百十。

［八一］此條道夫録成化本載於卷一百十。

［八二］按童伯羽録同而略……此言最有理　成化本無。

［八三］此條愘録成化本載於卷一百十。

［八四］此條道夫録成化本載於卷一百十。

［八五］此條道夫録成化本載於卷一百三十三。

［八六］嚴　成化本此下有「恭甫再爲潭帥，律己愈謹，御吏愈嚴。某謂如此方是」，此部分内容底本另作一條載於卷一百三十二。又，此條成化本載於卷一百三十二。

［八七］罪　成化本爲「犯罪」。

［八八］迎　成化本作「過」。

［八九］軌　成化本作「軋」。

［九〇］至　成化本作「望」。

［九一］此條道夫録成化本載於卷一百六。

［九二］着　成化本無。

［九三］等　成化本無。

［九四］其　成化本作「某」。

［九五］胡侍郎　成化本爲「胡致堂」。

〔九六〕節問胡侍郎是誰曰做管見底　成化本無。
〔九七〕去　成化本無。
〔九八〕判法　成化本爲「判决」。
〔九九〕云　成化本爲「又云」。
〔一〇〇〕此條道夫録成化本載於卷一百三十五。
〔一〇一〕丈　成化本無。
〔一〇二〕糧出入於士民　成化本無。
〔一〇三〕倉官　成化本爲「官倉」。
〔一〇四〕不　成化本作「豈」。

卷一百十三

〔一〕訓門人上之上　成化本爲「訓門人一」。
〔二〕以下訓德明　成化本無。
〔三〕沉　成化本無。
〔四〕之　成化本無。
〔五〕却都不管他　成化本爲「都不管」。
〔六〕是　成化本無。
〔七〕删去　成化本爲「編作細注」。
〔八〕夫　成化本此下有「一種稍勝者又只做得西漢以下工夫」。
〔九〕此條與下條成化本合爲一條。
〔一〇〕門弟子　成化本爲「孟敬子」。
〔一一〕一　成化本無。
〔一二〕却　成化本作「都」。
〔一三〕成化本此下注有「德明」，且此條德明録載於卷九十九。
〔一四〕成化本此下注曰：「以下訓德明。」
〔一五〕緊緊　成化本作「緊」。

［一六］到　原脱，據上下文及成化本補。
［一七］以上德明自録下見諸録　成化本無。
［一八］以下訓季札　成化本爲「季札」，且此條季札録載於卷十二。
［一九］心　成化本此下注曰：「賜録云：『非是活捉一物來存着。』」
［二〇］如　成化本無。
［二一］如　成化本無。
［二二］是　成化本此下注曰：「賜録作『只此便是』。」
［二三］以上季札自録　成化本爲「季札賜同」，且此條季札録載於卷十二。
［二四］後　成化本無。
［二五］却是　成化本無。
［二六］如此　成化本無。
［二七］待他　成化本無。
［二八］却　成化本無。
［二九］也　成化本無。
［三〇］四　成化本作「兩」。
［三一］答　成化本無。
［三二］自　成化本無。
［三三］却　成化本無。

〔三四〕陳　成化本作「呈」。
〔三五〕必　成化本無。
〔三六〕孰　成化本作「熟」。
〔三七〕之　成化本無。
〔三八〕服　成化本作「及」。
〔三九〕於　成化本作「其」。
〔四〇〕言語　成化本爲「語言」。
〔四一〕之　成化本無。
〔四二〕去　成化本無。
〔四三〕曾　成化本無。
〔四四〕成化本此下注有「大雅」，且此條大雅録載於卷二十，而底本卷二十重複載入。參底本該卷大雅録「再見因呈所撰論語精義備説……忽有大事來則無以待之」條。
〔四五〕上　成化本作「主」。
〔四六〕答　成化本無。
〔四七〕答云　成化本作「曰」。
〔四八〕得　成化本無。
〔四九〕燦　成化本作「粲」。
〔五〇〕答　成化本無。

〔五一〕意　成化本無。
〔五二〕答　成化本無。
〔五三〕窠　成化本無。
〔五四〕又曰　成化本無。
〔五五〕只　成化本無。
〔五六〕程先生　成化本爲「程子」。
〔五七〕成化本此下注有「大雅」，且此條大雅録載於卷五十九。
〔五八〕與　成化本無。
〔五九〕答　成化本無。
〔六〇〕也　成化本無。
〔六一〕答　成化本無。
〔六二〕扠　成化本作「振」。
〔六三〕答　成化本無。
〔六四〕要須先就自立　成化本作「須先就自心」。
〔六五〕己　成化本作「凡」。
〔六六〕日日　原作「曰」，據上下文及成化本改。
〔六七〕人　底本闕，據上下文及成化本補。
〔六八〕答　成化本無。

〔六九〕作 成化本無。
〔七〇〕出 成化本無。
〔七一〕答 成化本無。
〔七二〕答 成化本無。
〔七三〕然 成化本此下注曰：「答曰『然』，意似未盡。」
〔七四〕答 成化本無。
〔七五〕以上並大雅自録 成化本無。
〔七六〕以下訓人傑 成化本無。按，成化本「訓人傑」載於卷一百十五，故此下各條「訓人傑」除另注者外，皆載於成化本卷一百十五。
〔七七〕對 成化本無。
〔七八〕得 成化本作「將」。
〔七九〕曰 成化本作「因」。
〔八〇〕因 成化本作「曰」。按，成化本乙「曰」、「因」二字。
〔八一〕德 成化本作「得」。
〔八二〕見 成化本作「看」。
〔八三〕遇 成化本此下有「應」。
〔八四〕使 成化本作「便」。
〔八五〕言之 成化本爲「之言」。

［八六］此條成化本載於卷一百二十六。
［八七］成化本此下注有「人傑」，且此條載於卷八。
［八八］有　成化本無。
［八九］此是　成化本無。
［九〇］極　成化本爲「極時」。
［九一］方可　成化本爲「可以」。
［九二］求　成化本無。
［九三］得　成化本作「頭」。
［九四］甑　成化本無。
［九五］成化本此下注曰：「以下訓人傑。」
［九六］學　成化本此下有「而」。
［九七］問　成化本此下有「而」。
［九八］以上並人傑自録下見諸録　成化本爲「人傑」，且此條人傑録載於卷十一。
［九九］觀　成化本作「讀」。
［一〇〇］也　成化本無。
［一〇一］照　成化本此上有「恐自家」。
［一〇二］此條嚞録成化本載於卷十。
［一〇三］初　成化本無。

〔一〇四〕經由都下……平江亦有　成化本無。
〔一〇五〕仰　成化本無。
〔一〇六〕子　成化本無。
〔一〇七〕緣有薄産頗多……新婦又了門内事　成化本爲「緣家事爲累今家事盡付妻子」。
〔一〇八〕某　成化本無。
〔一〇九〕某數日不快……同見二客　成化本無。
〔一一〇〕先生　成化本無。
〔一一一〕時　成化本無。
〔一一二〕却　成化本無。
〔一一三〕箴　成化本爲「四箴」。
〔一一四〕某　成化本此上有「某」。
〔一一五〕由　成化本作「猶」。
〔一一六〕孟子　成化本此上有「乃」。
〔一一七〕別　成化本此下注曰：「池録作『此公却別』。」
〔一一八〕不　成化本作「否」。
〔一一九〕做人　成化本爲「做得個人」。
〔一二〇〕氣　成化本無。
〔一二一〕不　成化本此上有「便」。

〔一二二〕與　成化本無。

〔一二三〕化　成化本作「然」。

〔一二四〕此條成化本載於卷一百十四。按，成化本「訓從周」載於卷一百十四，故此下各條「訓從周」除另注者外，皆載於成化本卷一百十四。

〔一二五〕問　成化本爲「先生問」。

〔一二六〕不　成化本作「否」。

〔一二七〕對云　成化本作「曰」。

〔一二八〕答　成化本無。

〔一二九〕成化本此下注有「從周」，且此條從周録載於卷十二。

〔一三〇〕讀　成化本此上有「『學者理會道理當深沉潛思。』又曰」。

〔一三一〕如　成化本此上有「又」。

〔一三二〕後來　成化本無。

〔一三三〕又　成化本作「文」。

〔一三四〕看文字　成化本爲「公看道理」。

〔一三五〕小者用　成化本爲「小物而用」。

〔一三六〕牽　成化本作「添」。

〔一三七〕此四字察得　成化本爲「此四事自察得」。

〔一三八〕曲　成化本爲「曲言」。

［一三九］事　成化本爲「一事」。
［一四〇］之　成化本無。
［一四一］當　成化本爲「管他」。
［一四二］便　成化本作「須」。
［一四三］便　成化本此下有「將來做」。
［一四四］當　成化本作「常」。
［一四五］當　成化本作「常」。
［一四六］却　成化本爲「然却」。
［一四七］上並從周録下見諸録　成化本爲「從周」，且此條從周録分爲兩條，其中「某説克伐怨欲……不成只管讚嘆渡船之功」爲一條，載於卷一百十四；「五峰曾説……物來自見」爲一條，載於卷一百一。

卷一百十四

〔一〕謨　成化本此上有「問」。

〔二〕曰　成化本無。

〔三〕歟　成化本無。

〔四〕此　成化本無。

〔五〕以下訓謨　成化本無，且此條載於卷一百十七。按，成化本「訓謨」載於卷一百十七，故此下各條「訓謨」除另注者外，皆載於成化本卷一百十七。

〔六〕進修　成化本無。

〔七〕曰　成化本無。

〔八〕只是説得他名義儘分曉　成化本爲「只是説得他名義而已説得名義儘分曉」。

〔九〕便休了　成化本作「休」。

〔一〇〕誤　成化本爲「誤了」。

〔一一〕求又來得　成化本爲「又求得」。

〔一二〕得　成化本作「着」。

〔一三〕議論至此　成化本無。

〔一四〕所言之善　成化本無。

〔一五〕謂　成化本作「爲」。
〔一六〕説話　成化本爲「話説」。
〔一七〕觀之　成化本無。
〔一八〕謨　成化本無。
〔一九〕透得此關　成化本無。
〔二〇〕此　成化本作「去」，屬上讀。
〔二一〕切　成化本爲「親切」。
〔二二〕此條「曰大學所謂知至意誠者……如程先生所謂真知者是也」成化本卷十五重複載入，可參。
〔二三〕隱書　成化本爲「郢書」。
〔二四〕燕書　成化本爲「燕説」。
〔二五〕成化本此下注有「謨」，且此條謨録載於卷七十八。
〔二六〕便　成化本爲「便要」。
〔二七〕不可　成化本爲「固然是」。
〔二八〕辯　成化本作「辨」。
〔二九〕且　成化本爲「又且」。
〔三〇〕且未可説　成化本爲「何嘗便説」。
〔三一〕成化本此下注有「謨」，且此條謨録載於卷十三。又，此條底本卷十三重複載入。
〔三二〕者　成化本此下有「説」。

［三三］如此　成化本無。
［三四］成化本此下注曰：「以下訓謨。」
［三五］周元茂　成化本爲「周茂元」。
［三六］以周宰所言對曰　成化本爲「曰周宰云」。
［三七］生　成化本無。
［三八］徹　成化本此下有「處」。
［三九］以上並周謨自録下見諸録　成化本無。
［四〇］周舜弼　成化本爲「舜弼」。
［四一］周舜弼　成化本爲「舜弼」。
［四二］曰　成化本無。
［四三］文蔚　成化本無。
［四四］曰　成化本無。
［四五］文蔚　成化本無。
［四六］者　成化本無。
［四七］成化本此下注有「文蔚」，且此條文蔚録載於卷九。
［四八］邵武　成化本無。
［四九］成化本此下注有「文蔚」，且此條文蔚録載於卷六十四。
［五〇］譬　成化本無。

〔五一〕許　成化本無。
〔五二〕還　成化本無。
〔五三〕不曾耕得　原脱，據上下文及成化本補。
〔五四〕去　成化本無。
〔五五〕之　成化本無。
〔五六〕之　成化本無。
〔五七〕各自　成化本無。
〔五八〕之　成化本無。
〔五九〕且　成化本無。
〔六〇〕一個　成化本無。
〔六一〕須　成化本作「便」。
〔六二〕處　成化本爲「處處」。
〔六三〕取　成化本無。
〔六四〕以上並陳文蔚自録下見諸録　成化本無。
〔六五〕復見先生　成化本無。
〔六六〕按黄卓録此條云……如心肅則容莊　成化本無。
〔六七〕延平　成化本無。
〔六八〕是　成化本作「似」。

〔六九〕蹙然　成化本爲「不樂」。
〔七〇〕自録　成化本無。
〔七一〕閑闊　成化本爲「開闊」。
〔七二〕自録　成化本無。
〔七三〕答　成化本作「曰」。
〔七四〕理　成化本此下有「及看聖賢因何如此説」。
〔七五〕泛然　成化本爲「泛濫看過」。
〔七六〕夫　成化本此下有「不得力」。
〔七七〕此條成化本載於卷一百十七。按，成化本「訓嗇」載於卷一百十七，故此下各條「訓嗇」除另注者外，皆載於成化本卷一百十七。
〔七八〕二友　成化本爲「伯豐正淳」。
〔七九〕爲善　成化本無。
〔八〇〕且　成化本作「只」。
〔八一〕者　成化本無。
〔八二〕他　成化本無。
〔八三〕葫蘆　成化本爲「鶻盧」。
〔八四〕處　成化本無。
〔八五〕今　成化本無。

［八六］載　成化本無。

［八七］須　成化本爲「須先」。

［八八］自　成化本無。

［八九］前件　成化本無。

［九〇］自　成化本無。

［九一］之　成化本作「文」。

［九二］小　成化本作「少」。

［九三］書　成化本作「處」。

［九四］成化本此下注曰：「人傑録略，見易類。」

［九五］是日　成化本無。

［九六］先生相送出門　成化本無。

［九七］明　成化本作「略」。

［九八］正　成化本此上有「别後」。

［九九］以上並畨自録　成化本無，且此條語録置於「訓必大」下。

［一〇〇］先生曰正願得之　成化本無。

［一〇一］先生　成化本無。

［一〇二］先生　成化本無。

［一〇三］或　成化本作「則」。

［一〇四］愈着　成化本作「覺」。
［一〇五］先生　成化本無。
［一〇六］望先生明教　成化本無。
［一〇七］先生　成化本無。
［一〇八］道夫　成化本無。
［一〇九］五峰之言必有深意望先生詳諭　成化本無。
［一一〇］先生　成化本無。
［一一一］天理人欲　成化本無。
［一一二］此　成化本無。
［一一三］一　成化本無。
［一一四］乞賜詳諭　成化本無。
［一一五］先生　成化本無。
［一一六］遺書　成化本無。
［一一七］教人　成化本無。
［一一八］其　成化本無。
［一一九］道夫　成化本無。
［一二〇］張先生發明程子之指……以求正於先生焉　成化本無。
［一二一］而　成化本無。

［一二二］也　成化本無。
［一二三］夫　成化本作「此」。
［一二四］至　成化本無。
［一二五］但道夫愚陋……幸先生詳教　成化本無。
［一二六］先生　成化本無。
［一二七］先生　成化本無。
［一二八］他　成化本無。
［一二九］伏乞明教　成化本無。
［一三〇］先生　成化本無。
［一三一］是　成化本無。
［一三二］曰　成化本無。
［一三三］曰　成化本無。
［一三四］此條成化本載於卷一百十五。按，成化本「訓道夫」載於卷一百十五，故此下各條「訓道夫」除另注者外，皆載於成化本卷一百十五。
［一三五］道夫　成化本無。
［一三六］大凡須是　成化本作「須」。
［一三七］且　成化本作「是」。
［一三八］大凡　成化本無。

〔一三九〕真　成化本作「良」。

〔一四〇〕裏　成化本無。

〔一四一〕成化本此下注有「驤」。

〔一四二〕道夫云　成化本作「問」。

〔一四三〕道夫　成化本無。

〔一四四〕操則便在這個存字亦不必深着力　成化本爲「操則便在這裏若着力去求便蹉過了今若説操存已是剩一個存字」。

〔一四五〕静□中坐看　「静」下缺一字。成化本爲「静坐中看」。

〔一四六〕處　成化本無。

〔一四七〕成化本此下注有「道夫」，且此條道夫録載於卷一百二。

〔一四八〕正如他　成化本作「如」。

〔一四九〕於　成化本無。

〔一五〇〕童蜚卿　成化本爲「蜚卿」。

〔一五一〕其　成化本作「有」。

〔一五二〕常　成化本作「難」。

〔一五三〕只　成化本無。

〔一五四〕明　成化本作「自」。

〔一五五〕自　成化本作「明」。

［一五六］成化本此下注有「驤」。

［一五七］道夫　成化本無。

［一五八］成化本此下注有「驤」。

［一五九］方　成化本無。

［一六〇］道夫　成化本無。

［一六一］甚　成化本作「尚」。

［一六二］但今　成化本爲「今但」。

［一六三］而　成化本無。

［一六四］此條成化本無。

［一六五］成化本此下注有「驤」。

［一六六］朋友　原脱，據上下文及成化本補。

［一六七］此併前段蓋先生自政和縣省墓回因言之　成化本無。

［一六八］段　成化本爲「一段」。

［一六九］以上並道夫自録　成化本爲「若海蜀本作道夫録」。

卷一百十五

［一］易　成化本無。

［二］等書　成化本無。

［三］放　成化本作「於」。

［四］之衆　成化本無。

［五］他人則不及之　成化本無。

［六］以知此　成化本爲「以此知」。

［七］某　成化本此上有「固是如此」。

［八］有　成化本爲「亦有」。

［九］別無嶢嶇　成化本爲「他無蹺欹也」，「也」下注有「寓」，且此條寓録載於卷八，底本卷八重複載入，但文字略有差異。

［一〇］寓　成化本無。

［一一］寓　成化本無。

［一二］着　成化本無。

［一三］答　成化本無。

［一四］如　成化本無。

〔一五〕成化本此下注有「寓」，且此條寓録載於卷一百二十。
〔一六〕寓　成化本無。
〔一七〕按陳淳是一時所同聞而略詳不同今附云　成化本爲「淳録云」。
〔一八〕亦　成化本無。
〔一九〕便　成化本無。
〔二〇〕無私　成化本爲「素無私始得心無私」。
〔二一〕地　成化本此下注曰：「賀孫録作『方略見得通透』。」
〔二二〕取　成化本無。
〔二三〕以上並寓自録以下見諸録　成化本無。
〔二四〕却　成化本無。
〔二五〕便　成化本無。
〔二六〕先生　成化本無。
〔二七〕延　成化本無。
〔二八〕與語曰……指示其工夫要處　成化本爲「問功夫大要」。
〔二九〕其志亦是　成化本作「亦」。
〔三〇〕淳　成化本無。
〔三一〕曰　成化本無。
〔三二〕曰　成化本無。

［三三］心　成化本此下有「動作也是心」。
［三四］爲人君如何便止於仁爲人臣如何便止於敬　成化本爲「爲人君爲人臣如何便止於仁止於敬」。
［三五］尋　成化本作「窮」。
［三六］質　成化本爲「資質」。
［三七］是　成化本作「偏」。
［三八］直　成化本作「真」。
［三九］見　成化本爲「窺見」。
［四〇］是　成化本此下有「真」。
［四一］而　成化本無。
［四二］洞　成化本作「透」。
［四三］成化本此下注曰：「饒録作五段。」且此條載於卷一百十七。按，成化本「訓淳」載於卷一百十七，故此下各條「訓淳」除另注者外，皆載於成化本卷一百十七。
［四四］因舉南軒　成化本爲「舉南軒謂」。
［四五］先生　成化本無。
［四六］後　成化本無。
［四七］得　成化本作「及」。
［四八］某　成化本作「淳」。
［四九］知　原脱，據上下文及成化本補。

［五〇］專一看　成化本爲「專看一」。
［五一］無　成化本無。
［五二］成化本此下注有「淳」，且此條淳録載於卷十四。
［五三］焉　成化本無。
［五四］焉　成化本無。
［五五］那　成化本無。
［五六］地　成化本爲「地頭」。
［五七］不我誣　成化本無。
［五八］分　成化本此下有「功夫」。
［五九］這裏　成化本無。
［六〇］生　成化本此上有「若道」。
［六一］不可泛泛隨流地便當了得人道　成化本爲「不可泛泛隨流須當了得人道便有可望若道不如且過了一生更不在説」。
［六二］是　成化本無。
［六三］拔　成化本此下注曰：「聳身着力言。」
［六四］若　成化本此下有「理會得也好」。
［六五］件　成化本此下有「了」。
［六六］皆可説　原脱，據成化本補。

〔六七〕且　成化本無。
〔六八〕慢　成化本作「漫」。
〔六九〕作　成化本作「辦」。
〔七〇〕開　成化本作「寨」。
〔七一〕成化本此下注有「淳」，且此條淳録載於卷一百二十一。
〔七二〕底　成化本無。
〔七三〕即　成化本無。
〔七四〕欠　成化本無。
〔七五〕何　成化本作「可」。
〔七六〕只是　成化本爲「一向」。
〔七七〕期　成化本此下有「季文問：『持敬、致知莫是並行而不相礙否？』曰：『也不須如此都要做將去』」。
〔七八〕要　成化本此下有「就」。
〔七九〕吾身　成化本無。
〔八〇〕不見其爲　成化本無。
〔八一〕此條與此下六條，成化本合爲一條。
〔八二〕向　成化本爲「向來」。
〔八三〕鬼　成化本此上有「及」。

〔八四〕其　成化本作「等」。
〔八五〕看　成化本此上有「大抵」。
〔八六〕要　成化本爲「不要」。
〔八七〕没　成化本作「無」。
〔八八〕間　成化本「聞」。
〔八九〕理　成化本爲「道理」。
〔九〇〕而　成化本無。
〔九一〕只　成化本爲「只管」。
〔九二〕何　成化本爲「如何會」。
〔九三〕成化本此下注有「義剛同」。
〔九四〕事　成化本此下有「説下學工夫要多也好」。
〔九五〕去　成化本無。
〔九六〕只　成化本無。
〔九七〕去聲　成化本無。
〔九八〕此條與下條，成化本合爲一條。
〔九九〕淳又問曰　成化本爲「又問」。
〔一〇〇〕執　成化本作「持」。
〔一〇一〕凡　成化本無。

［一〇二］　應事接物　成化本爲「應接事物」。

［一〇三］　不是只一個都了　成化本録文詳，云「『不只是個一便都了。』胡叔器因問：『下學莫只是就切近處求否？』曰：『也不須恁地揀，事到面前便與他理會。且如讀書，讀第一章便與他理會第一章，讀第二章便與他理會第二章。今日撞着這事便與他理會這事，明日撞着那事便理會那事。萬事只是一理，不成只揀大底、要底理會，其他都不管。譬如海水，一灣一曲、一洲一渚無非海水，不成道大底是海水，小底不是。程先生曰「窮理者非謂必盡窮天下之理，又非謂止窮得一理便到。但積累多後，自當脱然有悟處」，又曰「自一身之中以至萬物之理，理會得多，自當豁然有個覺處」。今人務博者却要盡窮天下之理，務約者又謂反身而誠，則天下之物無不在我，此皆不是。且如一百件事，理會得五六十件了，這三四十件雖未理會，也大概可曉了。某在漳州有訟田者，契數十本，自崇寧起來，事甚難考。其人將正契藏了，更不可理會，某但索四畔衆契比驗，四至昭然。及驗前後所斷，情僞更不能逃。』又説：『嘗有一官人斷争田事，被其掇了案，其官人却來那穿款處考出。窮理亦只是如此』」。且成化本於録尾注有「義剛同」。又按，以上部分内容底本載於卷四十四，參該卷「胡叔器問下學……其他都不管」條。

［一〇四］　又　成化本此下有「却」。

［一〇五］　淳　成化本無。

［一〇六］　去　成化本此下有「李丈説廖倅惠書……亦自未嘗得息」，此部分内容底本另作一條載於卷六十二，可參。又，此條與此下四條，成化本合爲一條。

［一〇七］　爲　成化本此上有「是」。

［一〇八］　夫　成化本此下注曰：「義剛録作『無緊要看了』。」

［一〇九］是　成化本此下有「占便宜」。

［一一〇］末　成化本此下注曰：「義剛作『颺下了那末』。」

［一一一］乎　成化本此下有「若是少間事勢之來當應也只得應」。

［一一二］牽强去應又成杜撰既是杜撰便是人欲　成化本爲「到那時却怕人説道不能應變也牽强去應應得便只成杜撰便只是人欲」。

［一一三］應　成化本此上有「若」。

［一一四］平　成化本此上有「則」。

［一一五］又曰　成化本無。

［一一六］昧　成化本此下有「了」。

［一一七］小　成化本此上有「一日之間事變無窮」。

［一一八］又　成化本無。

［一一九］做　成化本此下有「不是人做，却教誰做」。

［一二〇］須　成化本此上有「學者」。

［一二一］是　成化本爲「亦是」。

［一二二］揀那　成化本無。

［一二三］又曰　成化本爲「嘗見」。

［一二四］天　成化本此上有「所謂」。

［一二五］夾　成化本作「來」。

〔一二六〕得　成化本此下注曰：「義剛録云：『然亦大概是如此。如做這湯瓶，須知是如何地是好，如何地是不好。而今只儱侗說道好，及我問你好處是如何時，你却又不曉，如何恁地得！』」

〔一二七〕又曰　成化本無。

〔一二八〕又　成化本此下有「看」。

〔一二九〕甚　成化本無。

〔一三〇〕一　成化本作「數」。

〔一三一〕爲長　成化本爲「尊長」。

〔一三二〕同居　成化本無。

〔一三三〕成化本此下注有「義剛同」。

〔一三四〕與先生聽　成化本無。

〔一三五〕自　成化本爲「自到」。

〔一三六〕只　成化本作「因」。

〔一三七〕成化本此下有「孔門惟顏子、曾子、漆雕開、曾點見得這個道理分明。顏子固是天資高，初間『仰之彌高，鑽之彌堅』亦自討頭不着，從『博文約禮』做來，『欲罷不能，竭吾才』方見得『如有所立卓爾』，向來髣髴底到此都合聚了。曾子初亦無討頭處，只管從下面捱來捱去，捱到十分處方悟得一貫。漆雕開曰『吾斯之未能信』，斯是何物？便是他見得個物事。曾點不知是如何，合下便被他綽見得這個物事。『曾點、漆雕開已見大意』，方是程先生恁地說。漆雕開較静，曾點較明爽，亦未見得他無下學工夫，亦未見得他合殺是如何，只被孟子喚做狂。及觀檀弓所載，則下梢只如此而已。曾子父子之學自相反，一是從下做到，一是從上見得。子貢亦做得七八分工夫，聖人也要喚醒他，喚不上。聖人不是不説這道理，也不是便説這道理，只是説之有時、教人有序」。按，此部分内容底本另作二條，參卷三十六淳録「孔門惟顔子曾子漆雕開曾點……下梢只如此而已」條，卷四十淳録「曾子與曾點父子之學自相反……教之有序」條。且此條與此下六條，成化本合爲一條。

［一三八］先　成化本爲「先見」。

［一三九］相　成化本無。

［一四〇］他　成化本作「那」。

［一四一］有　成化本爲「又有」。

［一四二］有　成化本爲「又有」。

［一四三］物　成化本爲「物事」。

［一四四］那　成化本無。

［一四五］物　成化本爲「物事」。

［一四六］今　成化本爲「而今」。

［一四七］中庸　成化本無。

［一四八］若　成化本此下有「只」。

［一四九］聖　成化本此上有「又曰」。

［一五〇］是　成化本此下有「有」。

［一五一］聖　成化本此上有「又曰」。

〔一五二〕成化本此下有「『志於道，據於德，依於仁』又且『游於藝』，不成只一句便了，若只一句便了何更用許多説話？如『詩三百，一言以蔽之，曰「思無邪」』，聖人何故不只存這一句，餘都删了？何故編成三百篇方説『思無邪』？看三百篇中那個事不説出來？」又曰：「莊周列禦寇亦似曾點底意思。他也不是專學老子，吾儒書他都看來，不知如何被他綽見這個物事，便放浪去了。今禪學也是恁地。」又曰：「『二三子以我爲隱乎？吾無隱乎爾。吾無行而不與二三子者，是丘也』，向見衆人説得玄妙，程先生説得絮。黄作「切怛」。後來子細看，方見得衆人説都似禪了，不似程先生説得穩」。按，此部分内容底本另作三條，分别載於卷三十四、卷一百二十五，參卷三十四淳録「志於道……看三百篇中那個事不説來」條，卷三十四淳録「二三子以我爲隱乎……不似程先生説得穩」條，卷一百二十五淳録「又曰莊周列禦寇……今禪學也是恁地」條。

〔一五三〕此條淳録成化本無，但卷一百三十七載義剛同聞所録，參該卷義剛録「先生考訂韓文公與大顛書……亦間有然者」條。

〔一五四〕淳　成化本無。

〔一五五〕先生　成化本無。

〔一五六〕捺　成化本作「攤」。

〔一五七〕亦　成化本作「方」。

〔一五八〕成化本此下注有「義剛同」。

〔一五九〕拜呈　成化本無。

〔一六〇〕思　成化本此下注曰：「義剛録云：『先生曰：「末梢白反之説，説『大而化之』做甚麽？何故恁地儱侗。」』」

［一六一］所　成化本作「公」。

［一六二］只　成化本爲「只要」。

［一六三］滓　成化本此下有「不要理會」。

［一六四］刀　成化本作「刃」。

［一六五］斷　成化本此下有『「中間都不用了，這個便是大病。曾點、漆雕開不曾見他做工夫處，不知當時如何被他逴見這道理。然就二人之中，開却是要做工夫。「吾斯之未能信」，「斯」便是見處，「未能信」便是下工夫處。曾點有時是他做工夫，但見得未定，或是他天資高，後被他瞥見得這個物事亦不可知。雖是恁地，也須低着頭，隨衆從「博學、審問、慎思、明辨、篤行」底做工夫，襯貼起來方實，證驗出來方穩，不是懸空見得便了。博學、審問五者工夫，終始離他不得，只是見得後做得不費力也。如曾子平日用工極是子細，每日三省只是忠信傳習底事，何曾説著「一貫」？曾子問一篇都是問喪、祭變禮微細處。想經禮，聖人平日已説底都一一理會了，只是變禮未説，也須逐一問過。「一貫」之説，夫子只是謾提醒他。縱未便曉得，且放緩亦未緊要，待別日更一提之。只是曾子當下便曉得，何曾只管與他説！如論語中百句，未有數句説此。孟子自得之説，亦只是説一番，何曾全篇如此説！今却是懸虛説一個物事，不能得了。只要那一去貫，不要從貫去到那一。如不理會散錢，只管要去討索來穿。如此則中庸只消「天命之謂性」一句及「無聲無臭至矣」一句便了，中間許多「達孝」、「達德」、「九經」之類，皆是粗迹，都掉却，不能耐煩去理會了。如「禮儀三百，威儀三千」，只將一個道理都包了，更不用理會中間許多節目。今須是從頭平心讀那書，許多訓詁名物度數一一去理會，如禮儀須自一二三四數至於三百，威儀須自一百二百三百數至三千，

逐一理會過，都恁地通透始得。若是只恁懸虚不已，恰似村道説無宗旨底禪樣，瀾翻地説去也得，將來也解做頌，燒時也有舍利，只是不濟得事。』又曰：『一底與貫底都只是一個道理。如將一貫已穿底錢與人及將一貫散錢與人只是一般，都用得。不成道那散底不是錢』」。按，此部分内容，底本分爲兩條載於卷二十七、卷二十八。

〔一六六〕是　成化本爲「只是」。

〔一六七〕景底　成化本爲「景致」。

〔一六八〕事　成化本此下有「前日江西朋友來問，要尋個樂處。某説：『只是自去尋，尋到那極苦澀處便是好消息。人須是尋到那意思不好處，這便是樂底意思來，却無不做工夫自然樂底道理。』而今做工夫只是平常恁地去理會，不要把做差異看了。粗底做粗底理會，細底做細底理會，不消得揀擇。論語、孟子恁地揀擇了，史書及世間粗底書如何地看得」。

〔一六九〕問　成化本此上有「胡叔器患精神短。曰：『若精神少也只是做去，不成道我精神少便不做。公只是思索義理不精，平日讀書只泛泛地過，不曾貼裏細密思量。公與安卿之病正相反。安卿思得義理甚精，只是要將那粗底物事都掉了。公又不去義理上思量，事物來皆奈何不得，只是不曾向裏去理會。如入市見鋪席上都是好物事，只是自家没錢買得。如書册上都是好説話，只是自家無奈他何。如黄兄前日説忠恕。忠恕只是體用，只是一個物事，猶形影，要除一個除不得。若未曉且看過去，却時復把來玩味，少間自見得。』叔器曰：『安之在遠方。望先生指一路脈去，歸自尋。』曰：『見行底便是路，那裏有別底路來？道理星散在事物上，却無總在一處底。而今只得且將論、孟、中庸、大學熟看。如論語上看不出，少間就孟子上看得出。孟子上底只是論語上底，不可道孟子勝論語。只是自家已前看不到，而今方見得到。』又」。

〔一七〇〕某有八字優游涵泳勇猛精進　成化本爲「優游涵泳勇猛精進字」。
〔一七一〕如此做題目　成化本爲「恁地立定牌牓」，且其下又注曰：「淳録作『做題目』。」
〔一七二〕如此　成化本爲「恁地」。
〔一七三〕問　成化本爲「又問」。
〔一七四〕得　成化本無。
〔一七五〕上　成化本作「高」。
〔一七六〕底　成化本此下有「某舊時看文字甚費力。如論孟，諸家解有一箱，每看一段必檢許多，各就諸説上推尋意脈，各見得落着，然後斷其是非。是底都抄出，一兩字好亦抄出。雖未如今集注簡盡，然大綱已定。今集注只是就那上删來，但人不着心，守見成説，只草草看了。今試將精義來參看一兩段所以去取底是如何，便自見得。」此部分内容，底本另作一條載於卷一百四，參該卷淳録「某時看文字甚費心力……便自見得」條。
〔一七七〕凡　成化本作「抵」。
〔一七八〕得　成化本無。
〔一七九〕摶　成化本作「團」。
〔一八〇〕那個是　成化本無。
〔一八一〕那件　成化本作「甚」。
〔一八二〕成化本此下注有「義剛」，且此條與此上兩條合爲一條，載於卷一百二十。
〔一八三〕説　成化本爲「説話」。

［一八四］方　成化本此下有「之」。
［一八五］坐地　成化本爲「獨坐」。
［一八六］内　成化本此下有「事」。
［一八七］之　成化本無。
［一八八］聖　成化本此上有「所以」。
［一八九］而　成化本作「以」。
［一九〇］見　成化本爲「見得」。
［一九一］只　成化本爲「却只」。
［一九二］則　成化本無。
［一九三］而　成化本此下有「應天下事」。
［一九四］成化本此下注有「義剛同」，且此條與此上六條合爲一條。
［一九五］那　成化本無。
［一九六］兩三　成化本爲「三兩」。
［一九七］胡問　成化本爲「胡叔器曰」。
［一九八］甚　成化本此下注曰：「義剛録云：『胡叔器曰：「恐又被不好底人壞了。」先生曰：「我須是先知得他是甚麽樣人，及見後與他相處數日便見，若是不合，便去。」』」底本將義剛録附於録尾，參下文。
［一九九］若　成化本此下有「恁地」。
［二〇〇］在　成化本爲「只在」。

〔二〇一〕按黄義剛録少異……不如只在屋裏孤陋寡聞　成化本爲「義剛同」。
〔二〇二〕起趍而前先生力止之坐　成化本無。
〔二〇三〕須來一遭　成化本爲「須出來行一遭」。
〔二〇四〕不然亦望自愛　成化本無。
〔二〇五〕以上並淳自録下見諸録　成化本無。
〔二〇六〕陳安卿　成化本爲「安卿」。
〔二〇七〕這　成化本無。
〔二〇八〕一　成化本無。
〔二〇九〕成化本此下注有「賀孫」。
〔二一〇〕陳安卿　成化本爲「安卿」。
〔二一一〕王子合　成化本爲「子合」。
〔二一二〕却　成化本無。
〔二一三〕亦　成化本無。
〔二一四〕底　成化本作「地」。

卷一百十六

［一］先生曰　成化本無。

［二］可行　成化本無。

［三］此條成化本載於卷一百十四。按，成化本「訓賀孫」載於卷一百十四，故此下各條「訓賀孫」除另注者外，皆載於成化本卷一百十四。

［四］答　成化本無。

［五］有　成化本無。

［六］自　成化本無。

［七］得　成化本無。

［八］却　成化本無。

［九］已　成化本此下有「有多多少少底事合當理會」。

［一〇］然　成化本無。

［一一］有　成化本無。

［一二］個　成化本無。

［一三］自　成化本無。

［一四］個　成化本無。

〔一五〕若　成化本無。
〔一六〕成化本作「毋」。下三同。
〔一七〕目容端須着端……自家若不莊便自壞了天理　成化本爲「目容端口容止聲容静頭容直氣容肅立容德色容莊云云」。
〔一八〕賀孫　成化本無。
〔一九〕要　成化本無。
〔二〇〕得　成化本無。
〔二一〕賀孫　成化本無。
〔二二〕而　成化本此下有「好」。
〔二三〕處　成化本無。
〔二四〕逐一都看見些　成化本爲「一一都看見」。
〔二五〕問　成化本無。
〔二六〕成化本此下注有「賀孫」，且此條賀孫録載於卷一百二十一。
〔二七〕成化本此下注有「賀孫」，且此條賀孫録載於卷一百二十一。
〔二八〕他　成化本無。
〔二九〕成化本此下注有「賀孫」，且此條賀孫録載於卷一百二十一。
〔三〇〕以上並賀孫自録　成化本無。
〔三一〕問　成化本爲「同問」。

〔三二〕然　成化本無。

〔三三〕自　成化本無。

〔三四〕應　成化本無。

〔三五〕潔病　成化本爲「害淨潔病」。

〔三六〕潔病　成化本爲「淨潔病」。

〔三七〕黻　成化本爲「與立黻」。按，成化本「訓與立黻」載於卷一百十八，此下二條同。

〔三八〕道　成化本爲「道理」。

〔三九〕道　成化本爲「道理」。

〔四〇〕生　成化本作「身」。

〔四一〕又　成化本無。

〔四二〕正　成化本無。

〔四三〕以上黻自録下見諸録　成化本無。

〔四四〕楊黻　成化本作「黻」。

〔四五〕自　成化本作「固」。

〔四六〕與立　成化本無。

〔四七〕先生　成化本無。

〔四八〕是　成化本此下有「常」。

〔四九〕自録　成化本無，且此條載於卷一百十八。

〔五〇〕時舉　成化本無。
〔五一〕在　成化本作「作」。
〔五二〕以下訓時舉　成化本無。按，成化本「訓時舉」載於卷一百十四，此下五條同。又，此條有部分内容成化本卷五十九重複載入，但文字稍有差異，參成化本該卷「或問日夜之所息……所以至於梏亡也」條。
〔五三〕甚　成化本無。
〔五四〕成化本此下注有「以下訓時舉」。
〔五五〕争　成化本作「中」，屬上讀。
〔五六〕時舉請問云　成化本作「問」。
〔五七〕不勝依戀　成化本無。
〔五八〕先生　成化本無。
〔五九〕事事上旋旋　成化本爲「事上旋」。
〔六〇〕便是　成化本無。
〔六一〕也　成化本無。
〔六二〕面　成化本無。
〔六三〕定生　成化本無。
〔六四〕既　成化本此上有「他」。
〔六五〕來　成化本無。
〔六六〕貌　成化本作「説」。

［六七］然　成化本無。
［六八］來　成化本無。
［六九］過般狂戒　成化本作「這般狂底」。
［七〇］説　成化本無。
［七一］背曉　成化本爲「背馳」。
［七二］又緣他　成化本作「緣」。
［七三］相　成化本無。
［七四］固　成化本作「痼」。
［七五］以上並時舉自録……更不復出　成化本無。
［七六］洪慶前所問　成化本作「前」。
［七七］痛　成化本無。
［七八］是如此　成化本無。
［七九］等　成化本此下有「語」。
［八〇］謂堯卿至之　成化本無。
［八一］有　成化本作「存」。
［八二］冰　各本皆作「水」，據上下文似當作「冰」。
［八三］自録　成化本無，且此條載於卷一百十五。
［八四］按林恪亦録此條……今附云　成化本爲「恪録云」。

［八五］先生留飯……將子餘所問目出　成化本「先生將子餘問目出」。
［八六］肅　成化本此下有「主一」。
［八七］自　成化本作「身」。
［八八］後來　成化本無。
［八九］是如此　成化本無。
［九〇］告　成化本無。
［九一］得　成化本無。
［九二］節　成化本無。
［九三］答　成化本無。
［九四］按，成化本「訓節」載於卷一百十五，故此下十四條皆載於卷一百十五。
［九五］節　成化本無。
［九六］者　成化本無。
［九七］答　成化本無。
［九八］節　成化本無。
［九九］答　成化本無。
［一〇〇］節　成化本無。
［一〇一］答　成化本無。
［一〇二］方　成化本無。

［一〇三］節　成化本無。

［一〇四］答　成化本無。

［一〇五］節　成化本無。

［一〇六］答　成化本無。

［一〇七］節　成化本無。

［一〇八］答　成化本無。

［一〇九］節　成化本無。

［一一〇］節　成化本無。

［一一一］得　成化本無。

［一一二］得　成化本無。

［一一三］人家　成化本無。

［一一四］却　成化本無。

［一一五］却去問他説道　成化本爲「去問他道」。

［一一六］節　成化本無。

［一一七］官　成化本作「教」。

［一一八］欲　成化本無。

［一一九］節　成化本無。

［一二〇］節　成化本無。

［一二一］義剛　成化本無。
［一二二］以下訓義剛　成化本無。
［一二三］須是要坐如尸立如齊　成化本爲「須是步步理會坐如尸便須要常常如尸立如齊便須要常常如齊」。
［一二四］是　成化本此上有「不知」。
［一二五］義剛　成化本無。
［一二六］先生應云　成化本作「曰」。
［一二七］那　成化本無。
［一二八］那　成化本無。
［一二九］如　成化本無。
［一三〇］子　成化本無。
［一三一］且將那　成化本作「將」。
［一三二］與夫　成化本無。
［一三三］來　成化本無。
［一三四］謹　成化本作「圓」。
［一三五］略　成化本作「思」。
［一三六］便　成化本此下有「被」。
［一三七］價　成化本無。

〔一三八〕又言　成化本無。
〔一三九〕那　成化本作「到」。
〔一四〇〕個　成化本無。
〔一四一〕半　成化本此上有「義剛啓曰」。
〔一四二〕又云初拜先生　成化本爲「義剛之初拜先生也」。
〔一四三〕奈他何　成化本爲「奈何他」。
〔一四四〕曲賜　成化本無。
〔一四五〕自　成化本無。
〔一四六〕豈敢違越　成化本無。
〔一四七〕以上並義剛自録　成化本無。
〔一四八〕得　成化本爲「只得」。
〔一四九〕得　成化本無。
〔一五〇〕以下訓蓋卿　成化本無。
〔一五一〕此條蓋卿録成化本無。
〔一五二〕皆所　成化本無。
〔一五三〕蓋卿又請　成化本無。
〔一五四〕此來幸甚……繼得爲遠謁函丈之計　成化本爲「得爲遠謁函丈之計」。
〔一五五〕蓋卿猶在先人服中　成化本無。

［一五六］請曰蓋卿願從學久矣……甚好甚好　成化本爲「隨諸生遇晚聽講」。
［一五七］先生云　成化本無。
［一五八］有　成化本無。
［一五九］處　成化本無。
［一六〇］是　成化本無。
［一六一］別　成化本作「排」。
［一六二］却要做甚　成化本無。
［一六三］若是　成化本無。
［一六四］以上蓋卿自録　成化本爲「以下訓蓋卿」。
［一六五］今世有人　成化本爲「今人」。
［一六六］或都不看　成化本無。
［一六七］謙　成化本無。
［一六八］以上皆謙自録下見諸録　成化本無。
［一六九］於　成化本無。
［一七〇］自修云　成化本無。
［一七一］自録　成化本無。
［一七二］紹熙甲寅四月二十一日晦庵朱先生　成化本爲「先生」。
［一七三］吉州吉水縣　成化本爲「吉水」。

［一七四］先生與之進　成化本無。
［一七五］某　成化本無。
［一七六］其　成化本無。
［一七七］某嘗謂問答之際……要不容隱　成化本無。
［一七八］答　成化本爲「答問」。
［一七九］學者不可忽也　成化本無。
［一八〇］點之答□□而有德……善問者莫如賜　成化本無。按，底本「答」下有兩字缺，「歧」下有三字缺。
［一八一］晚進末學　成化本爲「長孺」。
［一八二］而　成化本無。
［一八三］某　成化本爲「長孺」。
［一八四］舉中説云通於夫子受罔極之恩　成化本無。
［一八五］欣然一笑　成化本作「笑」。
［一八六］得　成化本作「有」。
［一八七］某　成化本無。
［一八八］也　成化本無。
［一八九］願先生指教　成化本無。
［一九〇］先生乃舉中庸一章云……敦厚以崇禮　成化本爲「先生乃舉中庸大哉聖人之道至敦厚以崇禮一章」。

［一九一］既　成化本無。
［一九二］某問　成化本無。
［一九三］某　成化本無。
［一九四］自　成化本無。
［一九五］問　成化本爲「只問」。
［一九六］便　成化本作「却」。
［一九七］某　成化本無。
［一九八］是　成化本無。
［一九九］某問曰　成化本無。
［二〇〇］某問曰　成化本作「問」。
［二〇一］學　成化本此下注曰：「按，章句：『「尊德性所以存心」，致廣大、極高明、温故、敦厚皆存心之屬也。「道問學所以致知」，盡精微、道中庸、知新、崇禮皆致知之屬也。』此録蓋誤。」
［二〇二］某問曰　成化本作「問」。
［二〇三］致　成化本作「到」。
［二〇四］某曰　成化本作「問」。
［二〇五］尚　成化本爲「如何」。
［二〇六］進步　成化本爲「漸進」。
［二〇七］某問曰　成化本作「問」。

〔二〇八〕某問曰　成化本作「問」。

〔二〇九〕須見於　成化本爲「須是見之」。

〔二一〇〕某謝曰　成化本爲「長孺謝云」。

〔二一一〕先生　成化本無。

〔二一二〕極感　成化本無。

〔二一三〕待　成化本作「特」。

〔二一四〕會　成化本此下注曰：「按章句，至德指其人，至道指『發育萬物，峻極于天』與『禮儀三百，威儀三千』兩節。此録亦誤。」

〔二一五〕某　成化本爲「長孺」。

〔二一六〕先生之教某既得而聞之矣　成化本無。

〔二一七〕恒某　成化本無。

〔二一八〕言論風指　成化本作「言」。

〔二一九〕或　成化本無。

〔二二〇〕使某奉承而退朝夕服膺　成化本無。

〔二二一〕復　成化本無。

〔二二二〕決　成化本作「契」。

〔二二三〕見　成化本作「只」。

〔二二四〕某　成化本爲「長孺」。

［二二五］先生之誨……探討力行　成化本爲「敢不自此探討力行」。

［二二六］某將　成化本爲「長孺」。

［二二七］自録　成化本無，且此條載於卷一百十八。

卷一百十七

〔一〕以下訓廣　成化本作「廣」，且此條載於卷十九。按，成化本「訓廣」載於卷一百十三，故以下各條「訓廣」除另注者外，成化本皆載於卷一百十三。
〔二〕成化本此下注有「以下訓廣」。
〔三〕無　成化本無。
〔四〕不　成化本無。
〔五〕生　成化本作「坐」。
〔六〕好　成化本無。
〔七〕人　成化本此下有「之」。
〔八〕其　成化本作「耳」，屬上讀。
〔九〕是　成化本無。
〔一〇〕及　成化本無。
〔一一〕不勝感激　成化本無。
〔一二〕理　成化本作「却」。
〔一三〕着　成化本此上有「着淺者既已」。
〔一四〕有　成化本作「存」。

［一五］成化本此下注有「廣」，且此條廣録載於卷六十三。
［一六］只恁地便可到　成化本無。
［一七］若横渠資稟則有　成化本爲「横渠資稟有」。
［一八］自　成化本無。
［一九］那　成化本無。
［二〇］個　成化本無。
［二一］其　成化本無。
［二二］可也　成化本無。
［二三］以上並廣自録下見諸録　成化本無。
［二四］八日見文之……書院侍坐　成化本無。
［二五］按，成化本「訓泳」載於卷一百十六，故此下三條皆載於卷一百十六。
［二六］九日……晚過樓下　成化本無。
［二七］以上泳自録　成化本無。
［二八］以下誠士毅　成化本爲「以下訓士毅」。按，成化本「訓士毅」載於卷一百十九，故以下各條「訓士毅」除另注者外，皆載於卷一百十九。
［二九］士毅　成化本無。
［三〇］先生訓以窮理……其當然之則　成化本爲「窮理莫如隨事致察以求其當然之則」。
［三一］士毅　成化本無。

［三二］是二句　成化本無。
［三三］瞌　成化本作「磕」。
［三四］成化本此下注有「士毅」，且此條載於卷十二。
［三五］此條成化本無。
［三六］何　原脱，據上下文及成化本補。
［三七］士毅　成化本無。
［三八］思　成化本無。
［三九］按輔廣録同而少異今附云　成化本爲「廣録云」。
［四〇］悦　成化本作「説」。
［四一］一　成化本無。
［四二］明　成化本作「問」。
［四三］以上士毅自録　成化本無。
［四四］成化本「訓賜」載於卷一百十八，下條同。
［四五］以上賜自録　成化本無。
［四六］成化本「訓夔孫」載於卷一百十六，下條同。又，此條成化本於卷九重複載入，注爲義剛録，參成化本該卷「或問而今看道理不出……這個互相發」條。
［四七］所　成化本無。
［四八］曉　成化本作「説」。

〔四九〕先生　成化本無。
〔五〇〕幾　成化本此上有「這」。
〔五一〕有　成化本此下有「此」。
〔五二〕又　成化本作「義」。
〔五三〕便是實　成化本爲「其實」。
〔五四〕以上夔孫自録録下見諸録　成化本無。
〔五五〕子武　成化本無。
〔五六〕劉　成化本無。
〔五七〕也須是個有　成化本爲「它便是」。
〔五八〕面　成化本無。
〔五九〕長　成化本此下有「後竟不改」。
〔六〇〕此意良厚　成化本無。
〔六一〕又曰　成化本無。
〔六二〕許多　成化本爲「多少」。
〔六三〕對　成化本無。
〔六四〕祖道對　成化本無。
〔六五〕對象山　成化本無。
〔六六〕對　成化本無。

［六七］成化本「訓祖道」載於卷一百十六，此下三條同。
［六八］問　此字原脱，據上下文及成化本補。
［六九］求　成化本無。
［七〇］先生　成化本無。
［七一］不是草草者看且歸子細　成化本爲「不是草草看者且歸子細」。
［七二］以上並祖道自録　成化本無。
［七三］木之　成化本無。
［七四］自録　成化本無。
［七五］嘗　成化本作「常」。
［七六］是　成化本爲「便是」。
［七七］意　成化本爲「意味」，且此下又録「思而不讀，縱使曉得，終是觚臲不安。一似倩得人來守屋相似，不是自家人終不屬自家使唤。若讀得熟而又思得精，自然心與理一，永遠不忘。某舊苦記文字不得，後來只是讀，今之記得者皆讀之功也。老蘇只取孟子、論語、韓子與諸聖人之書，安坐而讀之者七八年，後來做出許多文字如此好。他資質固不可及，然亦須着如此讀。只是他讀時便只要模寫他言語做文章，若移此心與這樣資質去講究義理，那裏得來！是知書只貴熟讀，别無方法」。
［七八］又　成化本無，而另有「『讀書須立下硬寨。定要通得這一書，方看第二書，若此書既曉未得，我寧死也不看那個。如此立志，方成工夫』。郭德元言：『記書不得』」。此部分内容底本另作一條，參本卷僩録「讀書須立下硬寨……然大者尤緊要」條。

［七九］少明 成化本作「少間」，屬下讀。
［八〇］被 成化本無。
［八一］云 成化本此下有「誦數以貫之，思索以通之」。
［八二］以下訓僩 成化本作「僩」，且此條僩録分爲兩條，其中「書只貴讀……又不知其意」爲一條，載於卷十，參成化本該卷「書只貴讀……别無方法」條；「又曰公不可欲速……不帖律處也多」爲一條，載於卷一百十六，參成化本該卷「讀書須立下硬寨……不帖律處也多」條。又，此下九條「訓僩」成化本皆載於卷一百十六。
［八三］此是 成化本無。
［八四］自我也明知得 成化本爲「明知」。
［八五］他 成化本無。
［八六］之 成化本無。
［八七］得 成化本無。
［八八］亦不 成化本爲「不亦」。
［八九］工 成化本此上有「做」。
［九〇］此條卓同 成化本無。
［九一］四 成化本作「二」。
［九二］如兩軍擂起鼓了 成化本爲「如兩軍厮殺兩邊擂起鼓了」。
［九三］殺 成化本此下有「了」。

〔九四〕成化本此下注有「以下訓僩」。
〔九五〕味　成化本爲「汁漿」。
〔九六〕譬　成化本無。
〔九七〕識　成化本此下有「不好處也不識」。
〔九八〕不　成化本無。
〔九九〕他　成化本無。
〔一〇〇〕説　成化本作「道」。
〔一〇一〕他　成化本無。
〔一〇二〕云云　成化本爲「某事」，作大字。
〔一〇三〕以上並僩自録　成化本無。
〔一〇四〕成化本「訓友仁」載於卷一百十六，此下六條同。
〔一〇五〕友仁　成化本無。
〔一〇六〕泰伯篇　成化本無。
〔一〇七〕以上友仁自録下見諸録　成化本無。
〔一〇八〕成化本此下注有「僩同」。
〔一〇九〕須是如此做工夫方得……然大者尤緊要　成化本録異，云「曰：『公不可欲速，且讀一小段。若今日讀不得，明日又讀；　明日讀不得，後日又讀，須被自家讀得。若只記得字義訓釋，或其中有一兩字漏落，便是那腔子不曾填得滿，如一個物事欠了尖角處相似，少間自家做出文字便也有所欠缺，不成文理。

嘗見蕃人及武臣文字常不成文理，便是如此。他心中也知得要如此説，只是字義有所欠缺，下得不是。這個便是「不得於言，勿求於心」之患，是他心有所蔽故如此。司馬遷史記用字也有下得不是處。賈誼亦然，如治安策説教太子處云「太子少長知妃色則入于學」，這下面承接便用解説此義，忽然掉了，却説上學去云「學者所學之官也」。又説「帝入東學，上親而貴仁」一段了，却方説上太子事，云「及太子既冠成人，免於保傅之嚴」云云，都不成文義，更無段落。他只是乘才快，胡亂寫去，這般文字也不可學。董仲舒文字却平正，只是又困善。仲舒、康衡、劉向諸人文字皆善弱無氣燄。司馬遷、賈生文字雄豪可愛，只是逞快，下字時有不穩處，段落不分明。康衡文字却細密，他看得經書極子細，能向裏做工夫，只是做人不好，無氣節。仲舒讀書不如衡子細，疏略甚多，然其人純正開闊，衡不及也。』又曰：『荀子云「誦數以貫之，思索以通之」，誦數即今人讀書記遍數也，古人讀書亦如此。只是荀卿做得那文字不帖律處也多』」。此部分内容底本另置於一條内，參本卷僩録「書只貴讀……不帖律處也多」條。

卷一百十八

〔一〕而棼　成化本爲「棼而」。
〔二〕持　成化本作「待」。
〔三〕心　成化本作「身」。
〔四〕成化本、萬曆本此下注有「驤」。
〔五〕有　成化本作「存」，萬曆本作「有」。
〔六〕奪　成化本作「勝」。
〔七〕勝　成化本作「奪」。
〔八〕時　成化本作「持」。
〔九〕漬　原作「清」，成化本作「積」，據上下文改。
〔一〇〕而　原作「無」，據上下文及成化本改。
〔一一〕自　成化本作「日」。
〔一二〕底　成化本作「抵」。
〔一三〕牽　成化本爲「牽傍」。
〔一四〕個　成化本作「書」。
〔一五〕得　原脱，據成化本、萬曆本補。

〔一六〕不求不見失　原爲「求不見得舍不見失」，據成化本改。
〔一七〕樂　成化本、萬曆本此下有「是已及人而樂」。
〔一八〕讀　原脱，據上下文意及成化本補。
〔一九〕語　原脱，據成化本補。
〔二〇〕是　原脱，據成化本補。
〔二一〕處　原脱，據成化本補。
〔二二〕曠　原脱，據成化本補。
〔二三〕是　原脱，據成化本補。
〔二四〕話　成化本爲「許多話」。
〔二五〕着　原脱，據成化本補。
〔二六〕斡　原作「幹」，據上下文意改。
〔二七〕知　原脱，據上下文及成化本補。
〔二八〕便　成化本爲「便是」。
〔二九〕此條成化本分爲兩條分屬上下。其中「書云千萬更加勉力……勿令昏縱爲佳」爲一條，「至自謂從來於喜怒哀樂之發……所以貴於窮理」爲一條。
〔三〇〕了　成化本作「子」。
〔三一〕一　成化本作「説」。

〔三二〕因　原脱，據成化本補。
〔三三〕今　原脱，據成化本補。
〔三四〕何　原脱，據成化本補。

卷一百十九

［一］到　成化本作「説」。
［二］然　王本作「閑」。
［三］事　原脱，據成化本補。
［四］義剛　原脱，據成化本補。
［五］不　成化本作「只」。
［六］項　成化本作「頂」。
［七］闖　成化本作「闞」。
［八］之　成化本作「又」。
［九］正　成化本作「一」。
［一〇］問　原脱，據成化本補。
［一一］著　成化本作「看」。
［一二］杞　原作「祖」，據上文及成化本改。
［一三］他　原脱，據成化本補。
［一四］難　原脱，據成化本補。

卷一百二十

〔一〕愼　成化本作「謹」。
〔二〕道　成化本作「是」。
〔三〕此條賀孫録成化本與上條賀孫録合爲一條。
〔四〕彼　原脱，據成化本補。
〔五〕心　原脱，據成化本補。
〔六〕項　成化本作「頂」。
〔七〕着　成化本作「看」。
〔八〕滚　成化本作「衮」。下同。
〔九〕又　原脱，據成化本補。
〔一〇〕此　成化本爲「免此」。
〔一一〕馮德貞　成化本爲「馮德英」。
〔一二〕余　成化本無。
〔一三〕壽　成化本作「壽」。
〔一四〕個　成化本作「是」。
〔一五〕已　原脱，據成化本補。

〔一六〕忘　成化本作「妄」。
〔一七〕得　成化本作「須」。
〔一八〕德　成化本作「得」。

卷一百二十一

〔一〕十 各本皆作「十」，西山讀書記卷二十引此條亦同。然據蘇洵嘉祐集卷十一所載上歐陽内翰第一書，則作「七」。

〔二〕們 成化本作「門」。

〔三〕其操存踐履處……固要理會 「處固是緊要不可間斷至於道理之」十四字脱，據成化本補。

〔四〕辨 成化本作「辦」。

〔五〕些 成化本作「了」。

〔六〕據 成化本作「遽」。

〔七〕性 成化本作「惟」。

〔八〕勸 成化本作「勤」。

〔九〕枉 原脱，據成化本補。

〔一〇〕一 成化本作「也」。

〔一一〕辨 成化本作「辦」。

〔一二〕看 成化本作「自」。

〔一三〕方 原脱，據成化本補。

〔一四〕昂 原脱，據成化本補。

［一五］當　成化本作「嘗」。

［一六］子　原脱，據成化本補。

［一七］意　成化本作「理」。

［一八］宰　原脱，據成化本補。

［一九］大雅　「大」字原脱，據成化本補。

［二〇］安　原脱，據成化本補。

［二一］人　成化本作「仁」。

［二二］若　成化本作「喏」。

［二三］是　成化本作「足」。

［二四］一個　成化本作「不」。考「一個」似由「不」拆分爲「一个」而致，鈔本誤改。

［二五］言　成化本作「然」。

［二六］復穿秉會坐設廳上　王本爲「復穿衣會坐談廳上」。

［二七］椅　成化本作「倚」。

［二八］可學　原爲「可舉」，據成化本改。

卷一百二十二

〔一〕東萊子約及門人附　成化本爲「吕伯恭」。

〔二〕因　成化本無。

〔三〕多愛使性氣　成化本爲「愛使性」。

〔四〕至躬自厚而薄責於人遂更不復如此　成化本爲「云云」。

〔五〕不知　成化本無。

〔六〕此條廣録成化本作爲注，附於語録尾，參成化本「躬自厚而薄責於人……遂如此好」條。

〔七〕若　成化本無。

〔八〕如何　成化本無。

〔九〕洽　成化本作「治」。

〔一〇〕洽作治　成化本爲「治作洽」。

〔一一〕多　成化本此下注曰：「淳録作『讀史來多而雜』。」

〔一二〕陳本無多所以下七字有失多而雜四字　成化本無。

〔一三〕按陳淳録同而少異　成化本爲「淳同」。

〔一四〕同父之行　「同父」二字原缺，據上下文及成化本補。「行」，成化本作「説」。

〔一五〕此條賀孫録成化本載於卷一百二十三。

［一六］東萊所編　成化本無。
［一七］思　成化本無。
［一八］成化本此下注有「集義」，且此條賀孫録載於卷二十三。
［一九］此條僩録成化本載於卷二十三。
［二〇］答　成化本無。
［二一］此條可學録成化本載於卷二十三。
［二二］義剛　成化本無。
［二三］先生　成化本無。
［二四］伯恭門於史時却分外去子細　成化本爲「伯恭於史分外子細」。
［二五］知　成化本無。
［二六］嘗　成化本無。
［二七］是　成化本無。
［二八］他　成化本無。
［二九］謀　成化本此下有「而」。
［三〇］知　成化本無。
［三一］某　成化本無。
［三二］某對　成化本無。
［三三］先生　成化本無。

〔三四〕某尋常非特不敢勸學者看史亦不敢勸學者看經　「史亦不敢勸學者看」八字原脱，據上下文及成化本補。
〔三五〕扛　成化本無。
〔三六〕作　成化本無。
〔三七〕然　成化本無。
〔三八〕又如伯夷傳孔子正説　成化本爲「孔子説」。
〔三九〕子由　成化本爲「子約」。
〔四〇〕木之　成化本無。
〔四一〕取　成化本作「以」。
〔四二〕有機心　成化本無。
〔四三〕自　成化本無。
〔四四〕唐　成化本作「晉」。
〔四五〕此條寓録卷一百五重複載入，但文字稍有差異，參該卷「説編通鑑綱目尚未成文字……解題之類亦大多」條。
〔四六〕先生言　成化本無。
〔四七〕甚　成化本作「太」。
〔四八〕活絡　成化本爲「磊磊落落」。
〔四九〕此等語　成化本無。

〔五〇〕蓋　成化本無。
〔五一〕却　成化本作「都」。
〔五二〕成化本此下注有「淳」。
〔五三〕淳　成化本爲「義剛」。
〔五四〕按陳淳録同而略今附云　成化本爲「淳録云」。
〔五五〕吕伯恭　成化本爲「伯恭」。
〔五六〕以下子約　成化本無。
〔五七〕貌曰恭……則當云　成化本無。
〔五八〕此論　成化本無。
〔五九〕者　成化本無。
〔六〇〕成化本此下注曰：「以下子約。」
〔六一〕渾突　成化本爲「鶻突」。
〔六二〕曰　成化本無。
〔六三〕成化本此下注有「叔度」。

卷一百二十三

［一］此條儒用録成化本以部分内容爲注，夾於語録中，參底本卷八十六「於丘子服處……以至今日」條。

［二］春秋　成化本無。

［三］滕　成化本無。

［四］常　成化本作「嘗」。

［五］皆　成化本無。

［六］賀孫　成化本無，且此條載於卷一百十四。

［七］着　成化本此下有「他」。

［八］成化本此下有「不操切」。

［九］地　成化本無。

［一〇］答　成化本無。

［一一］東漢和時　成化本爲「東漢初」。

［一二］得　成化本無。

［一三］恁地　成化本無。

［一四］然　成化本無。

［一五］只論　成化本無。

［一六］西北邊已自　成化本爲「西北自」。
［一七］温公　成化本無。
［一八］相　成化本無。
［一九］做　成化本無。
［二〇］向　成化本作「白」，屬上讀。
［二一］首　成化本無。
［二二］元吉無咎　成化本無。
［二三］成化本此下注曰：「璘録云：『初九上爲四所任而作大事，必盡善而後无咎，若所作不盡善，未免有咎也，故孔子釋之曰「下不厚事也」。蓋在下之人不當重事，若在下之人爲在上之人作事未能盡善，自應有咎。』」
［二四］成化本此下注曰：「璘録少異。」
［二五］下陳同父　成化本無。
［二六］以下葉正則　成化本無。
［二七］玖下之論永嘉永康之學　成化本無。
［二八］文　成化本無。
［二九］明　成化本作「問」。
［三〇］此條升卿録成化本載於卷一百二十二。
［三一］孫自修　成化本此上有「答」。

〔三二〕永康　成化本此下有「之學」。
〔三三〕忠　成化本作「時」。
〔三四〕能　成化本無。
〔三五〕是個漢高　成化本作「是這漢高祖」。
〔三六〕他　成化本作「也」，屬上讀。
〔三七〕此條銖録成化本載於卷一百二十二。

卷一百二十四

［一］陸子静　成化本爲「陸氏」。
［二］胡叔器　成化本爲「叔器」。
［三］高　成化本此上有「也」。
［四］解　成化本此上有「便」。
［五］節　成化本無。
［六］他　成化本無。
［七］他　成化本無。
［八］又記曰只是他不認帶來許多底　成化本無。
［九］嘗　成化本無。
［一〇］恁　成化本作「任」。
［一一］又曰　成化本無。
［一二］他　成化本無。
［一三］了　成化本無。
［一四］自　成化本無。
［一五］本只是販私鹽　成化本無。

〔一六〕但　成化本無。

〔一七〕而今　成化本無。

〔一八〕是　成化本作「住」。

〔一九〕是　成化本此上有「然」。

〔二〇〕而　成化本無。

〔二一〕如此　成化本無。

〔二二〕這般　成化本無。

〔二三〕會是　成化本無。

〔二四〕得　成化本無。

〔二五〕道　成化本無。

〔二六〕中謂　成化本無。

〔二七〕此條節録成化本分爲兩條，「潘恭叔説象山説得如此……如何得合道理」爲一條，注爲賀孫録；「某向與子静説話……成甚麽人在這裏」爲一條，注爲節録。

〔二八〕陸丈子静　成化本爲「陸子静」。

〔二九〕是　成化本無。

〔三〇〕只　成化本無。

〔三一〕信　成化本無。

〔三二〕他却説得　成化本爲「却説」。

［三三］先生又　成化本無。
［三四］對　成化本無。
［三五］詩云　成化本作「語」。
［三六］堯舜蕩乎無能名　成化本爲「堯蕩蕩無能名」。
［三七］楊至之問孟子告子不得於言勿求於心處　成化本爲「至之問告子不得於言勿求於心」。
［三八］諱　成化本此下有「這些子」。
［三九］且　成化本作「嘗」。
［四〇］遇　原脱，據成化本補。
［四一］答云　成化本作「曰」。
［四二］枉　成化本作「在」。
［四三］爲　成化本作「謂」。
［四四］一　成化本作「己」。
［四五］成化本此下注有「僴録詳」。
［四六］之　成化本此下注曰：「可學録云：『皆記得，又頓放元處。』」
［四七］之　成化本此下注曰：「可學録云：『荆公出，論兵。貢父依荆公兵論説曰某策如此。』」
［四八］則公　成化本爲「荆公」。
［四九］也　成化本此下注曰：「可學録作『焚之。好異惡同如此』。」
［五〇］成化本此下注曰：「可學録略。」按，可學同聞所録底本另作一條載於卷一百三十，參該卷可學録「王

荆公嘗作兵論……好異惡同如此」條。

[五一] 因説象山曰　成化本無。

[五二] 詳　成化本此下注曰：「因説象山之學。」

[五三] 此條儒用録成化本載於卷八。底本卷八重複載入此條，但注爲夔孫録。

[五四] 人　成化本無。

[五五] 陸子静　成化本爲「子静」。

[五六] 成化本此下注曰：「泳。周公謹記。」

[五七] 陸子静　成化本爲「子静」。

[五八] 成化本此下注有「自修」。

[五九] 辛　成化本爲「下二條詳」。

[六〇] 答云　成化本作「曰」。

[六一] 直　成化本無。

[六二] 誦　成化本此上有「服堯之服」。

[六三] 道　成化本作「行」。

[六四] 教人　成化本無。

[六五] 却　成化本無。

[六六] 見　成化本無。

[六七] 之　成化本無。

〔六八〕直至　成化本無。
〔六九〕他　成化本無。
〔七〇〕地　成化本此下有「快」。
〔七一〕悌　成化本此下有「先生曰：『覺此句亦欠「本立」字。』賀孫云：『上文已説孝弟乃是行仁之本。』」
〔七二〕個　成化本無。
〔七三〕個　成化本無。
〔七四〕悵悵　成化本爲「倀倀」。
〔七五〕名夢泉陸子静上足也　成化本爲「子淵後以喪心死」。
〔七六〕得　成化本無。
〔七七〕座　成化本作「麽」。
〔七八〕替　成化本作「做」。
〔七九〕到　成化本無。
〔八〇〕是只　成化本爲「只是」。
〔八一〕便道是　成化本作「道」。
〔八二〕也　成化本無。
〔八三〕他而今便　成化本爲「而今」。
〔八四〕個　成化本無。
〔八五〕陸子静　成化本爲「子静」。

〔八六〕却似亦　成化本爲「似易」。
〔八七〕字　成化本作「者」。
〔八八〕恁地如何　成化本無。
〔八九〕更　成化本無。
〔九〇〕這　成化本無。
〔九一〕是不得　成化本作「不」。
〔九二〕只　成化本無。
〔九三〕便　成化本無。
〔九四〕了　成化本無。
〔九五〕今他便只説一個心了便道是了　成化本爲「今他只説一個心便都道是了」。
〔九六〕解　成化本無。
〔九七〕便　成化本無。
〔九八〕便　成化本無。
〔九九〕便爲　成化本作「如」。
〔一〇〇〕便得　成化本作「使」。
〔一〇一〕都　成化本作「却」。
〔一〇二〕據　成化本此上有「尚有個」。
〔一〇三〕言世間自一般魁偉底道理……魁偉底道理　「自」，成化本作「有」。又，「自不亂於三綱五常既説不亂三綱五常又説别是個魁偉底道理」二十六字原脱，據成化本補。

〔一〇四〕便未曉他　成化本爲「你是未曉」。

〔一〇五〕要　成化本作「也」。

〔一〇六〕聽　成化本作「被」。

〔一〇七〕成化本此下注有「葉正則」，且此條義剛録載於卷一百二十三。

〔一〇八〕且如　成化本無。

〔一〇九〕徒　成化本作「往」。

〔一一〇〕尚　成化本作「向」

〔一一一〕道　成化本無。

〔一一二〕一　成化本作「壹」。

〔一一三〕語　成化本作「説」。

〔一一四〕楊簡敬仲　成化本爲「楊敬仲」。

〔一一五〕善　成化本此下有「根脚虚矣」。

卷一百二十五

［一］等附　成化本無。
［二］謙沖儉嗇　「謙」、「儉」二字原脱，據成化本補。
［三］全　原脱，據成化本補。
［四］見識　原脱，據成化本補。
［五］成化本此下注曰：「義剛一條見論語類。」
［六］是　成化本無。
［七］是　成化本無。
［八］徒　成化本作「學」，且「學」下云「但楊氏説得大了，故孟子力排之。義剛。夔孫同。」
［九］在　成化本無。
［一〇］曰陳良……北學于中國　成化本爲「云云」。
［一一］廣云　成化本作「曰」。
［一二］到　成化本無。
［一三］成化本此下注有「廣」。
［一四］墨　成化本此下注曰：「方子録云：『莊子是一個大秀才，他事事識得。如天下篇後面乃是説孔子，似用快刀利斧斫將去，更無些礙，且無一句不着落。如説「易以道陰陽」等語大段説得好，然却不肯如此做

去。老子猶是欲斂手齊脚去做，他却將他窠窟一齊踢翻了。』」

［一五］聞　成化本爲「相聞」。

［一六］按李方子録一段上不拘繩墨而語不同　成化本爲「賀孫前廣録一條疑聞同」。

［一七］可名　成化本無。

［一八］今　原作小字置於「欲」前，據上下文及成化本改。

［一九］便　成化本此上有「在前」。

［二〇］莊　成化本此上有「是夜再召淳與李丈入卧内……看三百篇中那個事不説出來」。此部分内容底本分爲十條載於卷三十四、卷三十六、卷四十、卷一百十五，參卷三十四淳録「志於道……看三百篇中那個事不説來」條，卷三十六淳録「孔門惟顔子曾子漆雕開曾點……下梢只如此而已」條，卷四十淳録「曾子與曾點父子之學……教之有序」條，卷一百十五「是夜再召淳與李丈入卧内……易得將下面許多工夫放緩了」條及其下六條。

［二一］睥　成化本作「綽」。

［二二］地　成化本此下有「又曰二三子以我爲隱乎……不似程先生説得穩」，此部分内容底本另作一條，載於卷三十四。

［二三］淳　成化本爲「義剛同」，且此條載於卷一百十七。

［二四］雷　成化本爲「五雷」。

［二五］蔡丈　成化本作「蔡」。

［二六］知　成化本作「如」。

〔二七〕這　成化本無。
〔二八〕道德經　成化本作「書」。
〔二九〕周莊仲　成化本爲「沈莊仲」。
〔三〇〕竅　成化本作「徼」。下同。
〔三一〕是説那個　成化本爲「説那」。
〔三二〕那　成化本無。
〔三三〕模樣　成化本無。
〔三四〕文字　成化本作「學」。
〔三五〕意　成化本爲「意思」。
〔三六〕向前　成化本爲「從前」。
〔三七〕曉這一章　成化本爲「此章」。
〔三八〕與抱一能無離乎之義曰魄　原脱，據成化本補。
〔三九〕和　成化本此下有「了」。
〔四〇〕已　成化本作「起」。
〔四一〕則　成化本無。
〔四二〕正如　成化本無。
〔四三〕得　成化本無。
〔四四〕成化本此下注有「河」。

〔四五〕南華真經　成化本作「書」。
〔四六〕有　成化本作「爲」。
〔四七〕成化本此下注有「植」。
〔四八〕理之名如此　成化本爲「理之得名以此」。
〔四九〕倜　成化本無。
〔五〇〕成化本此下注有「倜」。
〔五一〕下　原脱，據上下文補。
〔五二〕節　成化本無。
〔五三〕又記此二字是恁地字　成化本無。
〔五四〕好　原脱，據上下文及成化本補。
〔五五〕隆　成化本作「降」。
〔五六〕導　成化本作「道」。下五同。
〔五七〕成化本此下注有「友仁」。
〔五八〕契　成化本無。
〔五九〕契　成化本無。
〔六〇〕是有　成化本爲「有定」。
〔六一〕按黄卓録大同今附云　成化本爲「卓録云」。
〔六二〕精水也坎也……其中有云　成化本爲「云云」。

［六三］子　成化本作「予」。
［六四］又云乾坤二用……亦坎離也　成化本無。
［六五］今乾坤用九用六……上六六爻也　成化本無。
［六六］者　成化本無。
［六七］皆　成化本爲「皆在」。
［六八］人　成化本此下有「更不問他人肥與瘠、怯與壯，但是一律教他」。
［六九］等　成化本無。
［七〇］法　成化本作「訣」。
［七一］亦　成化本此上有「伯恭」。
［七二］成化本此下注曰：「今按陰符經無其語。」
［七三］換去　成化本作「挨出」。
［七四］節　成化本無。
［七五］節　成化本無。
［七六］太清　成化本爲「上清」。
［七七］他　成化本爲「天地」。
［七八］但　成化本作「既」。
［七九］後　成化本無。

〔八〇〕事　成化本爲「一事」。
〔八一〕某　成化本爲「可學」。
〔八二〕物　成化本爲「物事」。

卷一百二十六

［一］時舉　成化本無。
［二］後世　成化本無。
［三］梁武帝　成化本爲「梁武」。
［四］空灰　成化本爲「死灰」。
［五］他　成化本無。
［六］義　成化本此上有「自家」。
［七］爲　成化本作「有」。
［八］考　成化本作「攻」。
［九］績　成化本作「績」。
［一〇］人　成化本無。
［一一］之　成化本無。
［一二］皆　成化本作「是」。
［一三］吏　原脱，據成化本補。
［一四］泛　成化本作「注」。
［一五］覺　成化本此下有「矣」。

〔一六〕聞之　成化本爲「閿閿」。
〔一七〕處謙　成化本作「謙」。
〔一八〕行　成化本作「衍」。
〔一九〕帙　成化本爲「卷帙」。
〔二〇〕人　成化本無。
〔二一〕銖　成化本爲「拱壽」。
〔二二〕語　成化本無。
〔二三〕遠法師　成化本爲「遠師」。
〔二四〕一　成化本無。
〔二五〕他　成化本無。
〔二六〕爲道家之説　成化本爲「道家説」。
〔二七〕共　成化本作「若」。
〔二八〕只　成化本無。
〔二九〕是　成化本無。
〔三〇〕是　成化本無。
〔三一〕却　成化本無。
〔三二〕如何　成化本無。
〔三三〕挾　成化本作「扶」。

〔三四〕此條僩録成化本分爲二條，其中「釋氏之説易窮……便到至道」爲一條，注爲大雅録，載於卷一百二十六；「老子之學……而非老子之意矣」爲一條，注爲僩録，載於卷一百二十五。

〔三五〕道夫　成化本爲墨丁。

〔三六〕盡　成化本此下注曰：「方子録云：『正卿問莊子與佛所以不同。曰：「莊子絶滅不盡，佛絶滅盡。佛是人倫滅盡，到禪家義理都滅盡。」』」

〔三七〕又曰　成化本無。

〔三八〕按李方子録止義理滅盡　成化本無。

〔三九〕也　成化本無。

〔四〇〕他　成化本無。

〔四一〕虚　成化本作「心」。

〔四二〕成化本此下注有「季文。道夫」。

〔四三〕答　成化本無。

〔四四〕節　成化本無。

〔四五〕答　成化本無。

〔四六〕他只是説那空處……他做得不徹　成化本爲「便僂説是空覺。吾儒説底是實理，看他便錯了。他云不染一塵、不捨一法，既不染一塵，却如何不捨一法？到了是説那空處，又無歸着。且如人心須是其中自有父子、君臣、兄弟、夫婦、朋友。他做得徹到底」。

〔四七〕敬　成化本作「義」。

〔四八〕他　成化本無。
〔四九〕這個便都　成化本無。
〔五〇〕恁地　成化本無。
〔五一〕這　成化本無。
〔五二〕是　成化本無。
〔五三〕這個　成化本無。
〔五四〕别　成化本無。
〔五五〕本　成化本作「求」。
〔五六〕假　原作「做」，據晦庵先生朱文公文集答許生中應：「近年以來乃有假佛釋之，似以亂孔孟之實者。」「做」爲「假」之誤，因改。
〔五七〕攻乎異端……又且害人　成化本爲「釋氏以空寂爲本」。
〔五八〕便　成化本此上有「不是」。
〔五九〕底　成化本作「而」，屬下讀。
〔六〇〕他　成化本無。
〔六一〕都　成化本無。
〔六二〕探着是濕　成化本爲「探是冷是温」。
〔六三〕此　成化本無。
〔六四〕如　成化本無。

〔六五〕成化本此下注有「南升」。

〔六六〕蓋　成化本作「盡」。

〔六七〕使　成化本無。

〔六八〕察　原脱，據成化本補。

〔六九〕柄　成化本爲「植或録云近世一種學問雖説心與理一而不察乎氣禀物欲之私故其發亦不合理却與釋氏同病不可不察」。

〔七〇〕如今　成化本無。

〔七一〕當　成化本此上有「近看石林過庭録載上蔡説，伊川参某僧後有得，遂反之，蜀本作「去」。偷其説來做己使，是爲洛學。某也嘗疑如石林之説固不足信，却不知上蔡也恁地説是怎生地？向見光老示及某僧與伊川居士帖，後見此帖乃載山谷集中，後又見蜀本有「文集別本」四字。有跋此帖者，蜀本作「語」。乃僧與潘子真潘淳，乃興嗣之子也。帖，蜀本云：「其所以載於山谷集者，以山谷嘗録其語，而或與山谷帖也。」淳録云：「其非與伊川，明矣。」其差謬類如此。但」。此部分内容底本另作一條，載於卷一百四十，參底本該卷「近看石林過庭録……而或以爲山谷帖也」條。

〔七二〕儒學　成化本爲「學者」。

〔七三〕按陳淳録同　成化本無。

〔七四〕蔡季通　成化本爲「季通」。

〔七五〕做　成化本作「似」。

〔七六〕吾輩是行是運只是人運行得差　成化本爲「吾輩是在這裏行是在這裏運只是運行又有差處」。

〔七七〕却　成化本無。
〔七八〕是　成化本無。
〔七九〕又　成化本無。
〔八〇〕日　成化本作「自」。
〔八一〕之中　成化本無。
〔八二〕如　成化本無。
〔八三〕他　成化本無。
〔八四〕必　成化本作「心」，屬上讀。
〔八五〕日　成化本無。
〔八六〕大率是　成化本無。
〔八七〕人　成化本無。
〔八八〕却　成化本無。
〔八九〕此條榦録成化本載於卷九十六。
〔九〇〕義　成化本作「正」。
〔九一〕他　成化本無。
〔九二〕幸望先生開發蒙昧　成化本無。
〔九三〕友仁　成化本無。
〔九四〕此　成化本作「在」。

〔九五〕是　成化本無。

〔九六〕亦　成化本無。

〔九七〕二　成化本作「仁」。

〔九八〕理　成化本無。

〔九九〕成化本此下注有「節」。

〔一〇〇〕先生云　成化本無。

〔一〇一〕他　成化本無。

〔一〇二〕他　成化本無。

〔一〇三〕則是　成化本無。

〔一〇四〕公謹　成化本爲「方子」。

〔一〇五〕答　成化本無。

〔一〇六〕也　成化本無。

〔一〇七〕答　成化本無。

〔一〇八〕答　成化本無。

〔一〇九〕答　成化本無。

〔一一〇〕不知他當初如何有此　成化本無。

〔一一一〕大般若經　「大般若」原脱，據成化本補。

〔一一二〕□□經　「經」上缺二字，成化本作「某」。

［一一三］來　成化本此下注曰：「方子録止此。」
［一一四］魄　成化本此下有「聚散」。
［一一五］銜　成化本作「御」。
［一一六］道夫　成化本無。
［一一七］曰　成化本作「論」。
［一一八］他　成化本無。
［一一九］昔見　成化本無。
［一二〇］之　成化本無。
［一二一］顧謂道夫曰　成化本無。
［一二二］試　成化本此上有「論釋氏之説，如明道數語闢得極善。見行狀中者。它只要理會個寂滅，不知須强要寂滅它做甚？既寂滅後却作何用？何況號爲尊宿禪和者，亦何曾寂滅得！近世如宗杲，做事全不通點檢，喜怒更不中節。晉宋以前遠法師之類所談只是莊、列，今其集中可見。其後要自立門户，方脱去莊、列之談，然實剽竊其説。傅奕亦嘗如此説，論佛只是説個大話謾人，可憐人都被它謾，更不省悟」。
［一二三］却　成化本作「方」。
［一二四］某　成化本作「佛」。
［一二五］無　成化本爲「都無」。
［一二六］實　成化本無。
［一二七］日　成化本爲「平日」。

［一二八］之　成化本無。
［一二九］攻　成化本此上有「所以」。
［一三〇］曰　成化本爲「必曰」。
［一三一］列傳　成化本爲「别傳」。
［一三二］畏　成化本作「怨」。
［一三三］伯豐　成化本作「甾」。
［一三四］經　成化本無。
［一三五］之　成化本無。
［一三六］以法　成化本無。
［一三七］去　原脱，據成化本義剛録補。
［一三八］此條淳録成化本以部分内容夾於卷一百三十七義剛録中，參成化本該卷義剛録「先生考訂韓文公與大顛書……亦間有然者」條。
［一三九］是　成化本作「有」。
［一四〇］既　成化本此上有「渠」。
［一四一］成化本此下注曰：「以下禪學。」
［一四二］按黄卓録至相接不着同……曰然　成化本無。
［一四三］先生論　成化本無。
［一四四］至　成化本無。

〔一四五〕粹　成化本作「晬」。
〔一四六〕却　成化本無。
〔一四七〕渠　成化本無。
〔一四八〕得　成化本無。
〔一四九〕也　原脱，據成化本補。
〔一五〇〕咸傑　「咸」字原脱，成化本亦脱。按五燈會元卷二十：「慶元府天童密庵咸傑禪師，福州鄭氏子，母夢廬山老僧入舍而生。自幼穎悟，出家爲僧，不憚遊行。」據補。
〔一五一〕成化本此下注有「雜論」。
〔一五二〕以下雜論　「論」字原脱，成化本無。據成化本上條可學録尾注補。
〔一五三〕其　成化本無。
〔一五四〕便　成化本無。
〔一五五〕庚　成化本無。
〔一五六〕是　成化本此下有「説」。
〔一五七〕按黄義剛録同　成化本爲「義剛同」。
〔一五八〕如　成化本無。
〔一五九〕坐亡　原脱，據成化本補。
〔一六〇〕氏　成化本無。
〔一六一〕用　原脱，據成化本補。

［一六二］滕云　原脱，據成化本補。
［一六三］向善　原脱，據成化本補。
［一六四］莫是此　原脱，據成化本補。
［一六五］黄　成化本作「簧」。
［一六六］鬼　成化本作「用」。
［一六七］答　成化本無。
［一六八］以下論佛氏無人倫之害　成化本無。
［一六九］嚴　原脱，據成化本補。
［一七〇］如何廢得　原脱，據成化本補。
［一七一］老　原脱，據卷四十九椿録補。
［一七二］而本朝李文靖公　「而本朝李」四字原脱，據卷四十九椿録補。又，「公」，卷四十九椿録及成化本廣録無。
［一七三］得　卷四十九椿録及成化本廣録此下有「者」。
［一七四］其　卷四十九椿録及成化本廣録此下有「致」。
［一七五］元壽　「元」原作「文」，成化本作「廣」。檢此條底本卷四十九重複載入，並注爲椿録。據朱子語類姓氏：「魏椿，字元壽。」「文」似「元」之誤。
［一七六］幾人如王質者　成化本爲「幾個如王質」。
［一七七］等　成化本無。

［一七八］成化本此下注曰：「以下論釋氏滅人倫之害。」
［一七九］那　成化本無。
［一八〇］是　成化本無。
［一八一］都會説了　原脱，據成化本補。
［一八二］遂又　「遂」字原脱，據成化本補。「又」，成化本無。
［一八三］在　成化本無。
［一八四］時也只是如　原脱，據成化本補。
［一八五］有　成化本無。
［一八六］力　原脱，據成化本補。
［一八七］誰不悦　原脱，據成化本補。
［一八八］道理　原脱，據成化本補。
［一八九］臨了捨　原脱，據成化本補。
［一九〇］他　成化本作「也」。
［一九一］又説　成化本無。
［一九二］成化本此下注有「南升」。
［一九三］又説　成化本無。
［一九四］要　成化本無。
［一九五］□好　「好」上缺一字，成化本無。「好」，成化本作「信」。

〔一九六〕以都被引去　原脱，據成化本補。
〔一九七〕數日來　原脱，據成化本補。
〔一九八〕因閑　原脱，據成化本補。
〔一九九〕個　成化本無。
〔二〇〇〕常　成化本作「嘗」。
〔二〇一〕此條僩録成化本載於卷一百三十。
〔二〇二〕用浮屠　原脱，據成化本補。
〔二〇三〕林子方　原脱，據成化本補。
〔二〇四〕論　成化本無。
〔二〇五〕遇之　原脱，據成化本補。
〔二〇六〕不知其　原脱，據成化本補。
〔二〇七〕者極矣　原脱，據成化本補。
〔二〇八〕以身任　原脱，據成化本補。
〔二〇九〕粧　成化本作「裝」。
〔二一〇〕此條僩録成化本載於卷一百三十七。
〔二一一〕此條道夫録成化本無。

卷一百二十七

[一] 祖宗一　成化本爲「本朝一」。
[二] 事實　成化本無。
[三] 仁宗朝　成化本此目上有「太宗真宗朝」一目，其下載二條語録，參成化本該卷卓録「才卿問秦漢以下無一人……故能動人如此」條，及揚録「氣有盛衰……亦氣衰故」條。
[四] 成化本此下有「此一事便反不及章獻」。
[五] 英宗朝　原無此目，據此下三條所載内容及成化本補。
[六] 濮安懿王邊　成化本爲「濮王□邊」，「邊」上缺一字。
[七] 人　成化本無。
[八] 如此　成化本無。
[九] 焉　原脱，據成化本補。
[一〇] 壞　成化本此下有「了」。
[一一] 矣　成化本無。
[一二] 説　成化本作「傾」。
[一三] 鄭公　成化本無。
[一四] 相　成化本無。

〔一五〕可　成化本無。
〔一六〕陳淳録同　成化本無。
〔一七〕知　成化本作「行」。
〔一八〕一　原脱，據成化本補。
〔一九〕戒　成化本作「城」。
〔二〇〕神宗　成化本此下有「理會得文字」。
〔二一〕字　成化本無。
〔二二〕也　成化本此下有「寘之第三」。
〔二三〕解卦云　成化本無。
〔二四〕者　成化本無。
〔二五〕此條德明録成化本載於卷七十二。
〔二六〕中　成化本無。
〔二七〕若　成化本此上有「這也問得無情理，然」。
〔二八〕臣　成化本無。
〔二九〕籍　成化本無。
〔三〇〕此條義剛録成化本載於卷一百三十三。
〔三一〕又　成化本無。
〔三二〕之　成化本無。

〔三三〕諸郡　成化本無。

〔三四〕此條儒用録成化本載於卷一百三十三。

〔三五〕出　成化本爲「以出」。

〔三六〕此條儒用録成化本載於卷一百三十二。

〔三七〕之所　成化本無。

〔三八〕方　成化本無。

〔三九〕而　成化本無。

〔四〇〕乃　成化本無。

〔四一〕是　成化本作「更」。

〔四二〕虜　成化本此下有「撫州守姓王，聞信守降亦降」。

〔四三〕苗劉渡揚州　成化本爲「渡揚州時」。

〔四四〕見他　成化本無。

〔四五〕這邊宦者却恁地得　成化本爲「這邊却放得幾個官者恁地」。

〔四六〕所以　成化本無。

〔四七〕也　成化本無。

〔四八〕時　成化本無。

〔四九〕宦　成化本作「官」。

〔五〇〕之　成化本無。

〔五一〕他　成化本此下有「却未幾而義兵至，這事便都休了。是」。
〔五二〕却　成化本無。
〔五三〕却　成化本無。
〔五四〕楊公子　成化本爲「楊么」。
〔五五〕去　成化本無。
〔五六〕此條義剛録成化本載於卷一百三十三。
〔五七〕名積中者　成化本爲「積中」，作大字。
〔五八〕因　原脱，據成化本補。
〔五九〕成　成化本無。
〔六〇〕山　成化本爲「入山」。
〔六一〕盜　成化本無。
〔六二〕邵武　成化本無。
〔六三〕命　成化本作「名」。
〔六四〕介　成化本此上有「而」。
〔六五〕此條儒用録成化本載於卷一百三十三。
〔六六〕只　成化本此下有「恃」。
〔六七〕陳淳録同　成化本無。
〔六八〕庚　成化本作「饒」。

〔六九〕岳飛　成化本作「飛」。
〔七〇〕對　成化本無。
〔七一〕據　原脱，據成化本補。
〔七二〕藉　成化本無。
〔七三〕公　成化本無。
〔七四〕姓王者　成化本作「王」。
〔七五〕知　成化本無。
〔七六〕等　成化本此下有「事」。
〔七七〕乞　原脱，據成化本補。
〔七八〕黄直卿　成化本爲「直卿」。
〔七九〕中　成化本無。
〔八〇〕庶可免鬬節之類……打鬬節也得　原爲「庶可免鬬節也得」，「之類先生曰他若出來外面與人打鬬節」十六字原脱，據上下文及成化本補。
〔八一〕了　成化本無。
〔八二〕了　成化本無。
〔八三〕省　成化本爲「省徑」。
〔八四〕此條儒用録成化本無，但卷一百二十七另載一條與此相類，參該卷「逆亮臨江……百官搬家者皆不問」條。

〔八五〕久　成化本此下有「許多時去那裏來」。

〔八六〕孝宗朝　成化本此目下有「寧宗朝」一目，其下載二條語録，參成化本該卷至録「上即位踰月……某亦不敢如此做也」條；及義剛録「向改慶元年號時……爲子不了不用」條，而此條義剛録底本載於卷一百七。

〔八七〕云　成化本無。

〔八八〕高宗　成化本無。

〔八九〕是　成化本無。

〔九〇〕人　成化本爲「某人」。

〔九一〕剥　成化本作「駁」。

〔九二〕了　成化本此下有「後又不行」。

〔九三〕庚　成化本無。

〔九四〕於　成化本無。

〔九五〕公　成化本無。

〔九六〕秀王諱　成化本無，另有一大字作「某」。

〔九七〕謚安僖　成化本無。

〔九八〕視　成化本作「見」。

〔九九〕執　成化本此下有「多是庸人」。

〔一〇〇〕某人　成化本無。

〔一〇一〕某 成化本爲「可學」。

〔一〇二〕封事中 「封事」二字原脱，據成化本補。

〔一〇三〕却 成化本無。

〔一〇四〕用皂帶繫衫 成化本爲「止於紫衫上繫皂帶」。

〔一〇五〕成化本此下注曰：「廣録云：『今上居孝宗喪，臣下都着凉衫，方正得臣爲君服，人主之服却有未盡。頃在潭州，聞孝宗訃，三日後易服，心下殊不穩。不免使人傳語官員且着凉衫，後來朝廷行下文字來，方始敢出榜曉示。』」

卷一百二十八

〔一〕祖宗二　成化本爲「本朝二」。
〔二〕進　原脱，據成化本補。
〔三〕朝　成化本無。
〔四〕禮是　成化本爲「日日」。
〔五〕遂　成化本此上有「然」。
〔六〕御史　成化本無。
〔七〕是　成化本此下注曰：「義剛。方子録云：『國初文德殿正衙常朝，升朝官以上皆排班，宰相押班，再拜而出。時歸班官甚苦之，其後遂廢，致王樂道以此攻魏公，蓋亦以人情趨於簡便故也。』」
〔八〕此條文蔚録成化本分爲兩條，其中「舊時主上每日不御正殿……便是不押班也不是」爲一條，注爲義剛録；「引見上殿是兩事……惟授告門謝有舞蹈」爲一條，注爲文蔚録。
〔九〕舊　成化本作「古」。
〔一〇〕中内尚書　成化本爲「宫中有内尚書」。
〔一一〕皆　成化本此上有「文字」。
〔一二〕漢武帝之　成化本爲「武帝」。
〔一三〕及　成化本作「凡」。

［一四］李唐 成化本作「此禮唐」。
［一五］至於本朝爲宰相者 成化本爲「至本朝宰相」。
［一六］成化本此下注有「僩」。
［一七］後來 成化本無。
［一八］如 成化本無。
［一九］如 成化本無。
［二〇］諱宣祖些子 成化本爲「宣祖些亖」。
［二一］宫 成化本無。
［二二］高子臯 成化本爲「高子羔」。下二「子臯」同。
［二三］止緣他學有未盡處……只是平常時節 原爲「止緣他學有未平常時節」，「盡處問學到時便如曾子之易簀曰易簀也只是平常時節」二十三字原脱，據成化本補。
［二四］不能 成化本爲「他未能」。
［二五］自後並不用此 成化本無。
［二六］若不自見得 成化本無。
［二七］當人主 成化本爲「壽皇」。
［二八］不 成化本此上有「也」。
［二九］此條賀孫録成化本載於卷三十九。
［三〇］此條方子録成化本載於卷九十一。

［三一］間　原脱，據成化本補。
［三二］輩　此字原殘餘上半部作「北」，據成化本補。
［三三］輩　原脱，據成化本補。
［三四］褁　原脱，據成化本補。
［三五］褁　原脱，據成化本補。
［三六］庚　成化本無，且此條載於卷九十一。
［三七］路　成化本作「輅」。
［三八］庚　成化本無。
［三九］行　成化本無。
［四〇］者　成化本無。
［四一］答　成化本無。
［四二］爲　成化本此上有「以左」。
［四三］千牛衛將軍升車　成化本爲「千牛將軍」。
［四四］穩　原脱，據成化本補。
［四五］庚　成化本無。
［四六］皇伯　成化本無。
［四七］輔本此下云　成化本爲「廣録云」。
［四八］皆　成化本無。

［四九］輔録止此　成化本無。
［五〇］按輔廣録同而有詳略又按李方子録同而略　成化本爲「廣同」。
［五一］也　成化本此上有「却」。
［五二］又言　成化本無。
［五三］應　成化本無。
［五四］人　成化本作「某」。
［五五］拑　成化本作「箝」。
［五六］有　成化本作「啓」。
［五七］每員　原脱，據成化本補。
［五八］陞　成化本爲「遷陞」。
［五九］出　成化本此下有「官」。
［六〇］樞密院行下文字曰宣尚書省曰劄子　成化本無。
［六一］且如而　成化本無。
［六二］漢宰相都帶羽林大將軍　成化本爲「漢三公都帶司馬及將軍」。
［六三］公　成化本無。
［六四］是　成化本無。
［六五］答　成化本無。
［六六］之　成化本無。

[六七]便　成化本作「使」。
[六八]清節　成化本無。
[六九]得　成化本無。
[七〇]死　成化本此下有「而死」。
[七一]爲　成化本作「焉」。
[七二]大　成化本無。
[七三]美　成化本作「善」。
[七四]書　成化本無。
[七五]但　成化本此上有「尚書省」。
[七六]皇帝　成化本無。
[七七]門下下　原脱，據上下文及成化本補。
[七八]及改爲左右丞相……使名既正而實亦正　「之名愈正而人愈不逮前亦何預名事曰只是實不正使名既正」二十五字原脱，據成化本補。
[七九]使　成化本無。
[八〇]列　成化本作「到」。
[八一]用　成化本無。
[八二]者　成化本無。
[八三]帥司事　成化本無。

〔八四〕又有兵帥　成化本無。

〔八五〕許多大帥　成化本作「他」。

〔八六〕謂　成化本無。

〔八七〕成化本此下注有「僩」。

〔八八〕名　成化本作「多」。

〔八九〕此條僩録成化本無。

〔九〇〕卓録同　成化本無。

〔九一〕個　成化本無。

〔九二〕異除　成化本無。

〔九三〕要　成化本無。

〔九四〕憂有禍亂　成化本無。

〔九五〕睹個是　成化本爲「也須賭個是」。

〔九六〕在　成化本無。

〔九七〕看來京改得這事自是　成化本爲「看來改得自是」。

〔九八〕如此　成化本無。

〔九九〕通判員郎知州正郎　成化本無。

〔一〇〇〕有前行吏部員外郎中行吏部員外郎後行吏部員外郎　成化本無。

〔一〇一〕他　成化本無。

〔一〇二〕官　成化本無。
〔一〇三〕而　成化本無。
〔一〇四〕且　成化本無。
〔一〇五〕矣　成化本無。
〔一〇六〕改　成化本無。
〔一〇七〕今　原脱，據成化本補。
〔一〇八〕圓備　原脱，據成化本補。
〔一〇九〕其　成化本無。
〔一一〇〕又　成化本無。
〔一一一〕自　成化本無。
〔一一二〕時　成化本無。
〔一一三〕國　成化本無。
〔一一四〕開封　成化本無。
〔一一五〕趙彦若　成化本作「趙」。
〔一一六〕立　成化本作「之」。
〔一一七〕皇帝　成化本無。
〔一一八〕是　成化本無。
〔一一九〕水　成化本無。

〔一二〇〕尚須訂正　成化本無。
〔一二一〕淳　成化本爲「儒用」。
〔一二二〕淳　成化本作「同」。
〔一二三〕淳　成化本無。
〔一二四〕答　成化本作「否」，屬上讀。
〔一二五〕所　成化本無。
〔一二六〕鄭康成　成化本爲「康成」。
〔一二七〕此條淳録成化本載於卷一百三十五。又，此條底本卷一百四十重複載入，參底本該卷義剛録「漢律康成注今和正文皆亡矣」條。
〔一二八〕皇帝　成化本無。
〔一二九〕令　成化本無。
〔一三〇〕事　成化本此下有「矣」。
〔一三一〕是　成化本無。
〔一三二〕以　成化本無。
〔一三三〕軍　成化本此下有「錢」。
〔一三四〕如係提刑司發　成化本爲「係提刑司管」。
〔一三五〕辛　成化本無。

［一三六］典賣　成化本無。

［一三七］故　成化本無。

［一三八］名壤　成化本無。

卷一百二十九

〔一〕祖宗三　成化本爲「本朝三」。

〔二〕慶曆用人　成化本爲「熙寧人物」。

〔三〕心　成化本作「志」。

〔四〕有　成化本無。

〔五〕處　成化本此下有「多」。

〔六〕沈僩　成化本作「僩」。

〔七〕皇帝　成化本無。

〔八〕鉤　成化本爲「勾斷」。

〔九〕得　成化本無。

〔一〇〕爲　成化本無。

〔一一〕植　成化本無。

〔一二〕植　成化本無。

〔一三〕公　成化本無。

〔一四〕范文正公　成化本爲「范公」。

〔一五〕侍從　成化本無。

［一六］及　成化本此下有「文正」。
［一七］丞相吕公　成化本爲「吕相」。
［一八］大申公也　成化本無。
［一九］吕申公　成化本爲「吕公」。
［二〇］亦不載集中　成化本爲「集中亦不載」。
［二一］小申　成化本無。
［二二］見　成化本作「語」。
［二三］已皆　成化本爲「皆已」。
［二四］大夫　成化本爲「中丞」。
［二五］□　此字缺，據其上下文似爲「豈」或「能」。
［二六］義剛　成化本無。
［二七］某　成化本無。
［二八］變　成化本爲「變作」。
［二九］説　成化本此下注曰：「璘録云：『劉彝治水，所至興水利。劉有一部詩解，處處作水利説，好笑。
熟處難忘。』」
［三〇］和　成化本無。
［三一］某　成化本爲「可學」。
［三二］某　成化本爲「可學」。

〔三三〕太上皇帝　成化本爲「太上皇」。
〔三四〕此條人傑録成化本卷一百六作爲注，附於必大録尾，參成化本卷一百六必大録「因論漳泉行經界事……蓋朝廷多故之時也」條。
〔三五〕之　成化本作「公」。
〔三六〕植又　成化本無。
〔三七〕門　成化本爲「門下」。
〔三八〕植　成化本無。
〔三九〕植又説　成化本作「曰」。
〔四〇〕此條閎祖録成化本載於卷一百三十一。
〔四一〕此條道夫録成化本無。
〔四二〕子　成化本無。
〔四三〕似　成化本爲「亦似」。
〔四四〕力行　成化本無。
〔四五〕成化本此下注有「力行」。

卷一百三十

［一］祖宗四　成化本爲「本朝四」。
［二］一　成化本無。
［三］將去　成化本無。
［四］成化本此下注曰：「以下荆公。」
［五］田　成化本無。
［六］然　成化本此下有「事」。
［七］公　成化本作「君」。
［八］時　成化本無。
［九］汪尚書聖錫　成化本爲「汪聖錫」。
［一〇］處謙本　成化本爲「壯祖録」。
［一一］處謙少異　成化本無。
［一二］利　成化本爲「利息」。
［一三］者　成化本無。
［一四］慨　成化本此下有「云云」。
［一五］目　成化本作「日」。

〔一六〕個　成化本無。
〔一七〕此　成化本無。
〔一八〕后　成化本無。
〔一九〕成化本此下注曰：「或録云：『韓師朴是個鶻突的人，薦蔡京，欲使之排曾子宣云云』。」
〔二〇〕注　成化本此下有「點句」。
〔二一〕木之録同　成化本無。
〔二二〕個　成化本無。
〔二三〕尚　成化本無。
〔二四〕則　成化本無。
〔二五〕不知怎生地　成化本無。
〔二六〕那　成化本無。
〔二七〕如　成化本無。
〔二八〕字　成化本此下有「云」。
〔二九〕解　成化本無。
〔三〇〕這豈特王氏解作衆自古解作衆　成化本爲「這是自古解作衆」。
〔三一〕則　成化本無。
〔三二〕得　成化本此上有「香」。
〔三三〕便是要本　成化本爲「是要」。

［三四］此條可學録成化本以部分内容爲注，夾於卷一百二十四淳録中，參底本卷一百二十四淳録「江西士風好爲奇論……皆是江西之風如此」條。

［三五］其　成化本無。

［三六］有　成化本無。

［三七］只　成化本作「亦」。

［三八］但介甫只爲　成化本爲「介甫只」。

［三九］不順他則硬要治之　成化本爲「不順己硬要治他」。

［四〇］他　成化本無。

［四一］去　成化本作「云」。

［四二］得　成化本此上有「若」。

［四三］却　成化本作「都」。

［四四］邵武泰寧人　成化本無。

［四五］其人　成化本無。

［四六］義剛僩用同　成化本爲「僩用」。

［四七］來　成化本無。

［四八］曾　成化本無。

［四九］見　成化本作「載」。

［五〇］德明　成化本爲「僩用」。

［五一］進　成化本此上有「奏藁」。

［五二］之　成化本此下注曰：「廣録云：『取荆公議府兵奏藁及鄴侯與德宗議復府兵之説，令諸生誦之。曰：「如今得個宰相如此，甚好。」』」

［五三］周益公　成化本爲「益公」。

［五四］讀畢　成化本無。

［五五］以　成化本無。

［五六］然　成化本無。

［五七］臨江　成化本無。

［五八］是　成化本無。

［五九］故　原脱，據成化本補。

［六〇］某在　成化本無。

［六一］更　成化本無。

［六二］欲使之更戍互换州郡　成化本爲「欲使更戍於州郡」。

［六三］成化本此下注曰：「廣録云：『京畿保甲之法，荆公做十年方成。至元祐時温公廢了，深可惜！蓋此是已成之事，初時人固有怨者，後來做得成，想人亦安之矣。却將來廢了，可惜！因言軍政後來因事而添者甚多，添得新者却不理會舊時有者。祖宗只有許多禁軍散在諸州，謂之禁軍者，乃天子所用之軍，不許他役。而今添得許多御前諸軍分屯了，故諸州舊有禁軍皆不理會。又如潭州緣置飛虎一軍了，都不管那禁軍與親兵。』」

［六四］又曰　成化本無。
［六五］治　成化本作「活」。
［六六］司馬文正公　成化本爲「温公」。
［六七］他　成化本無。
［六八］高　成化本作「篤」。
［六九］陳本高字作篤　成化本無。
［七〇］陳淳録同　成化本無。
［七一］此條賜録成化本載於卷一百三十四。
［七二］此條節録成化本載於卷一百三十四。
［七三］此條僩録成化本載於卷一百三十四。
［七四］張蔡　成化本爲「熙豐」。
［七五］范温　成化本作「温」。
［七六］輩　成化本此下注曰：「温者不佳。」
［七七］好　成化本爲「極好」。
［七八］所以　成化本爲「議論」。
［七九］此條公謹録成化本載於卷一百三十四。
［八〇］謹　成化本作「苦」。
［八一］黄尚書履安中邢和叔恕二人者　成化本爲「黄履邢恕」。

[八二] 如何　成化本無。

[八三] 好　成化本無。

[八四] 無知　成化本無。

[八五] 而邢則罪過多黄後來都被邢般得不好　成化本無。

[八六] 緣黄昏愚　成化本無。

[八七] 所以被他引得不好　成化本爲「故爲邢所誘壞」。

[八八] 所以罪過大　成化本爲「故罪過多」。

[八九] 卓　成化本作「倜」。

[九〇] 邵康節　成化本爲「康節」。

[九一] 有　成化本此下有「荆公」。

[九二] 説　成化本無。

[九三] 與　成化本爲「苦與」。

[九四] 便　成化本作「使」。

[九五] 成化本此下注曰：「以下三蘇及門人。」

[九六] 破　成化本此下有「這『敬』字」。

[九七] 是　成化本無。

[九八] 然　成化本無。

[九九] 謂　成化本作「問」。

〔一〇〇〕你　成化本無。
〔一〇一〕你　成化本爲「東坡」。
〔一〇二〕了　成化本作「得」。
〔一〇三〕常　成化本作「嘗」。
〔一〇四〕常　成化本作「嘗」。
〔一〇五〕温公　成化本無。
〔一〇六〕此　成化本無。
〔一〇七〕者　成化本無。
〔一〇八〕來　成化本無。
〔一〇九〕又　成化本無。
〔一一〇〕韓文　成化本爲「韓公」。
〔一一一〕説　成化本爲「説得」。
〔一一二〕粗　成化本此下有「又問：『歐公如何？』曰：『淺。』久之，又曰：『大概皆以文人自立。平時讀書只把做考究古今治亂興衰底事，要做文章，都不曾向身上做工夫，平日只是以吟詩飲酒戲謔度日。』」
〔一一三〕淳　成化本爲「義剛」。
〔一一四〕忠厚之至　成化本無。
〔一一五〕忠厚之至　成化本無。
〔一一六〕嘗　成化本作「常」。

［一一七］爲　成化本無。
［一一八］庚　成化本無。
［一一九］范堯夫　成化本爲「范淳夫」，且「夫」下有二字空缺。
［一二〇］實見得　成化本無。
［一二一］物　成化本作「理」。
［一二二］待　成化本作「可」。
［一二三］無　成化本此下有「事必欲忘却，故曰『但願空諸所有』；心必欲其空，故曰『謹勿實諸所無』。楊敬仲學於陸氏，更不讀書，是要不『實諸所無』」。
［一二四］此條德明録成化本載於卷一百二十四。
［一二五］物　成化本此上有「這」。
［一二六］是　成化本無。
［一二七］都　成化本無。
［一二八］一　成化本此下注曰：「淳録有『外』字。」
［一二九］按陳淳録同而略　成化本無。
［一三〇］於　成化本作「之」。
［一三一］此　成化本無。
［一三二］成化本此下注有「雉」。
［一三三］人失姓名　成化本爲「某人亦以父事師成」。

［一三四］方此疑忌彼一人　成化本爲「方疑忌某人」。
［一三五］彼一人　成化本爲「某人」。
［一三六］上　成化本無。
［一三七］又　成化本無。
［一三八］嘗　成化本無。
［一三九］坐　成化本作「去」。
［一四〇］庚　成化本無。
［一四一］他　成化本作「來」。
［一四二］庚　成化本無。
［一四三］一　成化本無。
［一四四］都不在　成化本爲「他好處都不載」。
［一四五］時　成化本無。
［一四六］辨　成化本作「辦」。
［一四七］與　成化本作「衣」。
［一四八］存誠　「存」字原缺，成化本亦缺，據濰坊歷史文化名人及李清照事跡編年補。
［一四九］以下了翁元成道鄉　成化本無。
［一五〇］成化本此下注曰：「或録云：『了翁固是好人，亦有小小智數云云。』」
［一五一］側嘗　成化本無。

〔一五二〕以　成化本無。
〔一五三〕他　成化本作「也」。
〔一五四〕因　成化本此上有「先生」。
〔一五五〕或　成化本無。
〔一五六〕之人　成化本作「者」。
〔一五七〕去　成化本無。
〔一五八〕來　成化本無。
〔一五九〕歿　成化本作「没」。
〔一六〇〕元城　成化本作「其」。
〔一六一〕成化本此下注曰：「嵤録云：『此老若在，教他做時，不知能救得如何？』」
〔一六二〕今　成化本此上有「故」。
〔一六三〕刻　成化本作「刊」。
〔一六四〕晁氏家語　成化本爲「晁氏客語□當考」。
〔一六五〕所　成化本無。
〔一六六〕云　成化本無。
〔一六七〕文　成化本無。
〔一六八〕劉遂　成化本爲「元承」。
〔一六九〕成化本此下注曰：「揚録云：『舟子不用錢愿載。劉聞之，追舟子史一慎，不得去載。』」

〔一七〇〕以下皆章蔡等　成化本無，且此條廣録載於卷一百三十二。
〔一七一〕攻　成化本作「救」。
〔一七二〕來　成化本作「去」。
〔一七三〕成化本此下注曰：「以下章、蔡。」
〔一七四〕此條賀孫録成化本無。
〔一七五〕時　成化本無。
〔一七六〕斥　成化本作「盲」。
〔一七七〕終始　成化本爲「始終」。
〔一七八〕道夫　成化本作「驤」，且此條載於卷一百。
〔一七九〕名爵　成化本無。
〔一八〇〕公　成化本無。
〔一八一〕此條德明録成化本載於卷一百一。
〔一八二〕辨　成化本作「辦」。
〔一八三〕乞　成化本無。
〔一八四〕成化本此下注曰：「或録云：『其人曰：「如何費許多錢。」遂呼磚匠於園後結墻一堵驗之。先問其磚之大小厚薄，依樣燒磚而結之，費比朝廷所抛降之數減數倍云云。』」且此條成化本載於卷一百三十二。
〔一八五〕以　成化本作「其」。

〔一八六〕州　成化本無。
〔一八七〕丞相　成化本無。
〔一八八〕調　成化本作「諷」。
〔一八九〕彼　成化本作「按」。
〔一九〇〕弟子　成化本爲「策子」。
〔一九一〕李燾「燾」字原脱，據上下文及成化本補。
〔一九二〕一　成化本此上有「此」。
〔一九三〕德明　成化本無。
〔一九四〕不得説亂只説治　成化本無。
〔一九五〕得　成化本無。
〔一九六〕曾布甚爲所陷舉家繫獄　成化本爲「一時諸君子皆爲其所陷」。
〔一九七〕大　成化本作「人」。
〔一九八〕却　成化本無。
〔一九九〕云　成化本無。
〔二〇〇〕虜人來　成化本無。
〔二〇一〕又　成化本此上有「却」。
〔二〇二〕處　成化本無。
〔二〇三〕内　成化本無。

［二〇四］當　成化本無。
［二〇五］吾　成化本爲「吾黨」。
［二〇六］便　成化本無。
［二〇七］叔向　原爲「叔尚」，成化本同。據宋史卷二百四十七叔向列傳改，下五同。
［二〇八］如前輩之賢　成化本爲「前輩」。
［二〇九］他這　成化本無。
［二一〇］按黄卓録有詳略今附云　成化本爲「卓録云」。
［二一一］可惜　成化本無。
［二一二］如　萬曆本作「知」。
［二一三］爲　成化本此下有「其」。
［二一四］變　原脱，據成化本補。
［二一五］成化本此下注有「德明」。

卷一百三十一

［一］祖宗五　成化本爲「本朝五」。
［二］自南渡至今日用人上　成化本爲「中興至今日人物上」，其下又注有「李、趙、張、汪、黄、秦」。
［三］然　成化本作「緣」。
［四］之望　成化本無。
［五］事　成化本無。
［六］周莊仲　成化本爲「沈莊仲」。
［七］不　成化本此上有「若」。
［八］是　成化本無。
［九］撼　成化本此下有「之」。
［一〇］舊當　成化本無。
［一一］時　成化本無。
［一二］是　成化本無。
［一三］到　成化本無。
［一四］却都轉去　成化本爲「都轉」。
［一五］自　成化本無。

〔一六〕何右丞㮚　成化本爲「何右丞」，可參宋史卷三百五十三何㮚列傳。

〔一七〕公時　成化本無。

〔一八〕口　成化本無。

〔一九〕門　成化本無。

〔二〇〕召　成化本此下有「之」。

〔二一〕其必薦之　成化本爲「必薦己」。

〔二二〕來　成化本無。

〔二三〕我　成化本無。

〔二四〕此　成化本無。

〔二五〕又按廖德明録大同今附云　成化本爲「德明録二條今附」。

〔二六〕竇學劉　成化本爲「劉竇學」。

〔二七〕略　成化本作「掠」。

〔二八〕除　成化本無。

〔二九〕令　成化本此下有「去」。

〔三〇〕又云　成化本作「曰」。

〔三一〕吴輝　成化本同，萬曆本爲「唐暉」，儒用同聞所録爲「唐暉」。下一同。

〔三二〕云　成化本爲「奏云」。

〔三三〕壬子歲先生再舉封吴國事與此不同疑當以此爲正　成化本無。

［三四］按廖德明録意同云　成化本爲「又一條云」。
［三五］張忠獻、趙忠簡公　成化本作「張」。
［三六］相　成化本無。
［三七］趙丞相　成化本爲「趙相」。
［三八］德遠　成化本無。
［三九］誅族　成化本爲「族誅」。
［四〇］自　成化本無。
［四一］是　成化本此上有「元來」。
［四二］遂以執政處之　成化本爲「遂一向不疑之」。
［四三］雲中　成化本爲「虜中」。
［四四］計　成化本爲「討計」。
［四五］按廖德明録意同今附云　成化本無，此條德明録成化本另作一條。
［四六］吴輝　前文儒用録爲「唐暉」，德明録爲「吴暉」，萬曆本爲「唐暉」。
［四七］陳國壽　成化本此下有「壔」。
［四八］此　成化本爲「此事」。
［四九］長沙　成化本此上有「帥」。
［五〇］手　成化本此下有「此事做未成」。
［五一］公　成化本無。

〔五二〕前　成化本無。
〔五三〕按鄭可學録此條云　成化本爲「可學録云」。
〔五四〕面　成化本作「而」。
〔五五〕高宗　成化本此下有「某人潮州人」。
〔五六〕成化本此下注曰：「揚録云：『秦前罷相時有御批其罪狀，與翰林學士綦密禮行詞。後再相，令人於綦家搜索之，自於上前納了。兄秦楚材作翰林之類官，上以檜故，亦眷其人，檜亦忌而出之。』」
〔五七〕而　成化本無。
〔五八〕退而以　成化本作「而」。
〔五九〕按沈僩録少異今附云　成化本爲「僩録云」。
〔六〇〕古之人君何嘗要安居　成化本無。
〔六一〕趙忠簡　成化本爲「趙公」。
〔六二〕只　成化本爲「只得」。
〔六三〕按廖德明録……今附云　成化本爲「儒用録云」。
〔六四〕秦公　成化本爲「秦老」。
〔六五〕作　成化本此下注曰：「揚録云：『都下甚恟恟，有欲殺之之意。一日，在甚寺中聖節，一樹上貼一榜子，云「秦相公是細作」。』」
〔六六〕草　成化本作「莫」。
〔六七〕易　成化本無。

［六八］按沈僩録虜書事乃言致堂今附云　成化本爲「僩録云」。

［六九］胡致堂明仲　成化本爲「胡明仲」。

［七〇］成化本此下注曰：「揚録云：『秦老講和後，曾取得河南地。關中五路地連河南，盡得之。時令婁炤往守，鄭剛中在幕。吴玠云，今與之講和極是云云。今得五路，須急發兵守之。某守某處，令誰守某處，要急爲之。虜人只是不曾思量，恐覺便來取。當時他人亦以爲常，惟鄭剛中擊節稱是。因言鄭才識高云云。婁曰：「某來時不曾得旨，須著人文字。」鄭曰：「可急入文字。」未幾，虜人取去矣。』」

［七一］遂　成化本無。

［七二］此條可學録成化本作爲注，附於卷一百二十七揚録尾，參成化本該卷「太上出使時至磁州……小人中有好人如此」條。另有同聞一條爲璘録，同附揚録尾，其載曰：「檜末年作事皆與光堯争勝。光堯作崔府君廟於玉津園路上，檜設計移之。曹筠言水漲，光堯逐之，檜遂除他從官。今上奏邊事，檜遂閣其俸。殿中侍御史周葵欲言户部尚書梁汝嘉。梁結中書舍人林待聘，林密禱於檜，檜遂除周葵起居郎。不待光堯應之便改除。」

［七三］秦氏　「氏」字原缺，據成化本補。

［七四］成化本此下注曰：「璘録云：『「秦太師專政時，張扶，或云張柄，請乘副車。呂愿中作秦城王氣詩以獻，檜皆受不辭。呂知静江府，府有驛名秦城，忽傳言有王氣。呂作詩與僚屬和之，成册以獻。此見胡邦衡所作紹興間被貶逐人事實序。熊子復欲作一書記其事，從其子借之。或云非邦衡所作。」又曰：「私科舉，或云恐是愚弄天下之人，指鹿爲馬之意。汪聖錫云：『恐不如此，只愚騃耳。』初時人以伊、周譽檜，末後人以舜、禹譽檜，檜亦受之。大抵久執權柄，與人結怨多，纔欲放下，恐人害己，似執守不放。其初未必

有邪心，到後來漸漸生出，皆是鄙夫患失之謀耳。」』」

［七五］舊卒　原脱，據成化本補。

［七六］却　成化本作「都」。

［七七］你　原脱，據成化本補。

［七八］人　成化本此下有「云」。

［七九］成化本此下注有「如此」。

［八〇］無事　原爲「事事」，據上下文及成化本改。

［八一］後　成化本無。

［八二］筵之召　原脱，據成化本補。

［八三］欲　成化本此下有「就」。

［八四］一二　成化本無。

［八五］推　成化本作「擢」。

［八六］循　原脱，據成化本補。

［八七］秦老　原脱，據成化本補。

［八八］墜　原脱，據成化本補。

［八九］子　成化本無。

［九〇］按廖德明　成化本爲「德明」。

［九一］伯夷叔齊　成化本爲「夷齊」。

［九二］按葉賀孫録意亦同今附云　成化本爲「賀孫録云」。
［九三］高宗朝胡寧和仲　成化本爲「胡寧」。
［九四］明仲　成化本無。
［九五］秦丞相檜　成化本爲「秦檜」。
［九六］便是　成化本無。
［九七］如此　成化本無。
［九八］説　成化本無。
［九九］話説　成化本爲「説話」。
［一〇〇］又按林可學　成化本爲「可學」。按，據朱子語録姓氏，僅有鄭可學，疑「林可學」乃「鄭可學」之誤。
［一〇一］遜　成化本作「孫」。
［一〇二］向　成化本無。
［一〇三］成化本此下注以揚録、燾録及璘録，曰：「又，揚録云：『太上一日問胡和仲：「文定春秋外更有甚文字？」胡曰：「只有幾卷家集。」上曰：「可進來。」遂進之。後秦檜問胡曰：「先丈文字進了？」連説「先丈好議論」三四句後，曰：「只是一句也行不得。」胡曰：「議論好時只是謂好行。相公既説好，如何行一句不得？」曰：「不特先丈文字如此，聖賢議論亦豈盡可行！只是且教世間人知得有這一般道理。」』又，燾録云：『或問「信而好古」曰：「而今人多不好古，皆是他不信。」因舉秦會之嘗與胡和仲説：「如先公解春秋，儘好議論，只是無一句行得。」對曰：「惟其可行，方是議論，若不可行，則成甚議論？」秦曰：

「且如周公、孔子之言，那有一句行得？只是説得好，所以存留在與後人看。」』又，璘録云：『檜召胡和仲來，問「敬以直内，義以方外」。和仲之父子兄弟尋常以爲此兩句只是一事。檜云：「不然。『敬以直内』可用，某逐日受用便是。『義以方外』不可行。」和仲疑之。檜云：「公試行看。」和仲上殿，光堯索文定公文集，因以副本呈。檜云：「先公議論甚好，但一句也行不得。且如孔、孟許多説話，也只是存一個好話，令人知有此好話耳，決不可行。」又問和仲：「『不降其志，不辱其身』，如何？」和仲既解以對。檜云：「合降志須着降，合辱身須着辱。」和仲以太常丞權郎，檜忽請喫酒五盃，歸而章疏下矣。檜之不情如此。』」

［一〇四］劉某　成化本爲「劉信叔」。

［一〇五］於彼　成化本無。

［一〇六］秦太師　成化本爲「秦檜」。

［一〇七］庚　成化本無。

［一〇八］致危亡之道非一　原脱，據成化本補。

［一〇九］矼　王本作「可」。

［一一〇］知　成化本作「却」。

［一一一］此條可學録成化本卷一百三十二作爲注，附於揚録尾。參成化本該卷「徐師川微時嘗遊廬山……詩亦無甚佳者」條。

［一一二］此乃狗彘所不爲尚得爲好人　成化本無。

［一一三］此條可學録成化本載於卷一百三十二。

卷一百三十二

［一］祖宗六　成化本爲「本朝六」。
［二］自南渡至今用人下　成化本爲「中興至今日人物下」。
［三］兄　成化本無。
［四］此條木之録成化本載於卷一百一。
［五］成化本此下注曰：「學蒙。以下明仲。」且此條載於卷一百一。
［六］事　成化本此上有「我欲做事」。
［七］此條僩録成化本載於卷一百一。
［八］集　成化本此上有「因」。
［九］此條人傑録成化本載於卷一百一。
［一〇］成化本此下注曰：「以下原仲。」且此條載於卷一百一。
［一一］胡公　成化本無。
［一二］此條若海録成化本載於卷一百一。
［一三］成化本此下注曰：「焦名援，字公路，南京人，清修苦節之士。」
［一四］子謜　成化本無。
［一五］此條可學録成化本載於卷十九。

［一六］此條學蒙録成化本載於卷一百二十三。

［一七］正　成化本爲「正直」。

［一八］此條淳録成化本載於卷一百三十八。

［一九］此條僩録成化本載於卷一百三十八。

［二〇］林勳　成化本此上有「黄仁卿將宰樂安，論及均税錢，曰：『今説道「税不出鄉」。要之，税有輕重，如何不出鄉得？若教税不出州時，庶説稍均得。』先生曰：『「税不出鄉」，只是古人一時間尋得這説去防那一時之弊，而今耳裏聞得却把做個大説話。但只均税錢也未盡，須是更均税物方得。且如福州納税，一錢可以當這裏十錢，而今便須是更均那税物。』又曰：『往在漳州，見有退税者不是一發退了，謂如春退了税後秋又要退苗，却不知别郡如何。然畢竟是名目多後恁地。據某説時，只教有田底便納米，有地底便納絹，只作兩鈔。官司亦只作一倉一場，如此百姓與官司皆無許多勞攘。』又曰：『三十年一番經界方好。』又曰：『元積均田圖惜乎不見。今將他傳來考，只有兩疏却無那圖。然周世宗一見而喜之，便欲行，想見那圖大段好。嘗見陸宣公奏議後面説那口分世業，其纖悉畢盡，古人直是恁地用心。今人若見均田圖時，他只把作鄉司職事看了，定是不把作書讀。今如何得有陸宣公樣秀才！』又曰」。

［二一］淳　成化本爲「義剛」，且此條載於卷一百十一。

［二二］此條人傑録成化本以部分内容爲注，夾於録中，參成化本卷一百三十二「張定夫居建昌……也立不住」條。

［二三］恭甫　成化本此上有「辛幼安爲閩憲，問政，答曰：『臨民以寬，待士以禮，馭吏以嚴』」，此部分内容底本另作一條，載於卷一百三十二。

〔二四〕言　成化本作「事」。
〔二五〕如何放　原脱，成化本爲「這一項事如何放」，據上下文及成化本補。
〔二六〕答　成化本無。
〔二七〕答　成化本無。
〔二八〕平　成化本爲「平勃」。
〔二九〕榜子在諸處　成化本爲「榜在」。
〔三〇〕從　成化本無。
〔三一〕答曰然曰得實否　成化本無。
〔三二〕知　成化本作「聞」。
〔三三〕子曰　成化本無。
〔三四〕惟我與爾有是夫　成化本無。
〔三五〕某　成化本爲「從周」。
〔三六〕某　成化本爲「從周」。
〔三七〕舜飯糗茹草若將終身　成化本無。
〔三八〕而濂溪先生却　成化本爲「濂溪」。
〔三九〕伊尹耻君不及堯舜一夫不得其所若撻於市　成化本爲「伊尹耻其君至若撻於市」。
〔四〇〕只恐　成化本爲「非是」。
〔四一〕戴少望　成化本爲「戴肖望」。

〔四二〕成化本此下注有「人傑」。
〔四三〕是　成化本爲「是是」。
〔四四〕畏　成化本此下注曰：「按胡泳云，内翰，文公之後。」
〔四五〕名　成化本無。
〔四六〕名　成化本無。按，「名」下缺一字。
〔四七〕父　成化本此下注曰：「揚録云：『張登，福建人。』眘録云：『張致中父登。』從周録云：『永福姓張人。』」
〔四八〕宰　成化本此下注曰：「諸録云尤溪。」
〔四九〕時　成化本無。
〔五〇〕相　成化本無。
〔五一〕請　成化本此下注曰：「諸録云：『士夫、僧、道百餘人。』」
〔五二〕揖　成化本此下注曰：「揚録云：『坐處亦不足，只立説話。』」
〔五三〕後　成化本無。
〔五四〕又　成化本此上有「又問：『「日」對甚？』云：『對「月」。』『「陽」對甚？』云：『對「陰」。』却」。
〔五五〕理　成化本此下注曰：「眘録云：『人只知以「利」對「害」，便只管尋利去。』」
〔五六〕義乃對利　成化本爲「『利』乃對『義』」。
〔五七〕能　成化本無。
〔五八〕從周録云永福姓張者作知縣云云　成化本爲「眘録云一揖而退，此亦可書其桃符云奉勸邑人依本分莫將閑事到公庭言雖質意亦好揚録云其人爲政簡易無係累後坐化死」。

［五九］則　成化本無。

［六〇］李湛　成化本爲「李琪」。

［六一］謂　成化本此下有「是」。

［六二］黄蜀人名裳　成化本無。

［六三］黄裳文叔　成化本爲「黄文叔」。

［六四］廷　成化本無。

［六五］熙豐　成化本爲「元祐諸公」。

［六六］紹聖　成化本此下有「群小」。

［六七］熙豐　成化本爲「元祐」。

［六八］紹聖　成化本作「它」。

［六九］此條義剛録成化本載於卷一百七。

［七〇］此條德明録成化本載於卷一百七。

［七一］此　成化本作「何」。

［七二］教　成化本爲「放教」。

［七三］老南　成化本作「南」。

［七四］也　成化本此下注曰：「廣録云：『世上有一種人，心下自不分明，只是怕人道不會，不肯問人。昔老南去參慈明時已有人隨他了，它欲入慈明室，數次欲揭簾入去又休，末後乃云：「有疑不决，終非大丈

夫。」遂入其室。』」

〔七五〕見　成化本無。

〔七六〕上行一輩人　成化本爲「上一輩」。

〔七七〕然　成化本無。

卷一百三十三

〔一〕祖宗七　成化本爲「本朝七」。

〔二〕夷狄　成化本於此目上另有「盜賊」一目。

〔三〕盡　成化本此下注曰：「池録作『關中之山皆自西而東』。」

〔四〕又在永洛之城　成化本爲「又在永樂故永樂之城」。按，永洛，成化本爲「永樂」，下二同。

〔五〕平　成化本作「下」。

〔六〕到　成化本作「知」。

〔七〕且　成化本作「自」。

〔八〕二　成化本作「三」。

〔九〕但　成化本此下有「要」。

〔一〇〕自　成化本無。

〔一一〕信　成化本作「侍」。

〔一二〕雖　成化本無。

〔一三〕也　成化本無。

〔一四〕嘗　成化本無。

〔一五〕有　成化本作「所」。

[一六] 而死　成化本爲「後不死」。
[一七] 而　成化本作「即」。
[一八] 按李儒用録同而少異今附於下云　成化本爲「儒用録云」。
[一九] 輒　成化本作「轉」。
[二〇] 他自　成化本作「多」。
[二一] 更　成化本作「要」。
[二二] 道夫　成化本無。
[二三] 不及見矣　原脱，據成化本補。
[二四] 及　成化本無。
[二五] 士大夫　成化本無。
[二六] 無以得錢　成化本無。
[二七] 燒　成化本無。
[二八] 之　此字原缺，據成化本補。
[二九] 詈　成化本此下有「之」。
[三〇] 人作　成化本無。
[三一] 以　成化本無。
[三二] 蓋不受之又恐其爲盗賊　成化本爲「蓋不受又恐其爲盗」。
[三三] 自　成化本無。

［三四］去人由間路賫詔往　成化本爲「由間路往」。
［三五］人　成化本無。
［三六］此條卓録成化本載於卷一百二十七。
［三七］此條義剛録成化本無。
［三八］此條德明録成化本載於卷一百三十一。
［三九］此條閎祖録成化本載於卷一百三十一。
［四〇］張魏公　成化本此上有「饒録云」。
［四一］趙丞相鼎　成化本爲「趙丞相」。
［四二］庚　成化本無。且此條成化本作爲注，附於卷一百三十二卓録尾，參本卷卓録「僩問趙忠簡張魏公當國……遂至於敗」條。
［四三］用　成化本爲「用兵」。
［四四］木　成化本作「來」。
［四五］此條賀孫録成化本載於卷一百三十二。
［四六］成化本此下注有「德明」，且此條成化本載於卷一百三十二。
［四七］五十爲隊　成化本爲「五千爲五隊」。
［四八］矛　成化本作「牟」。下一同。
［四九］虜　成化本此下有「遂」。
［五〇］立　原脱，據成化本補。

〔五一〕況當虜衆　原脱，據上下文及成化本補。

〔五二〕此條賀孫録成化本載於卷一百三十二。

〔五三〕此條德明録成化本載於卷一百三十一。

〔五四〕庚　成化本爲「方子録云趙元鎮亦只欲和但秦檜既擔當了元鎮却落得美名」。且此條成化本載於卷一百三十一。

〔五五〕時　成化本無。

〔五六〕老草　成化本爲「草草」。

〔五七〕秦會之　成化本作「秦」。

〔五八〕甚　原脱，據上下文及成化本補。

〔五九〕而□之　「之」上有一字缺。成化本爲「亦何」。

〔六〇〕亦　成化本無。

〔六一〕此條儒用録成化本載於卷一百三十一。

〔六二〕僩　成化本無。

〔六三〕又云　成化本無。

〔六四〕令　成化本無。

〔六五〕在順昌府一勝　成化本無。

〔六六〕劉　成化本無。

〔六七〕此條卓録成化本載於卷一百三十一，且其録尾有注，此部分注底本另作一條，參本卷「張魏公欲討劉豫……可以服夷狄」條。

〔六八〕公　成化本無。

〔六九〕趙鼎　成化本作「趙」。

〔七〇〕吕安老祉　成化本爲「吕安老」。

〔七一〕便是事　成化本無。

〔七二〕之　成化本無。

〔七三〕主　成化本爲「主上」。

〔七四〕故　成化本此下有「欲」。

〔七五〕此條成化本載於卷一百三十一。

〔七六〕問　成化本爲「陳問」。

〔七七〕陳丈舉此以問　成化本爲「此説如何」。

〔七八〕復　成化本此上有「謂」。

〔七九〕他　成化本作「之」。

〔八〇〕莊公親見其人殺其父……如何更責得定公　成化本無。

〔八一〕齊襄　成化本作「他」。

〔八二〕見　成化本此上有「况更欲責定公夾谷之會，争那裏去」。

〔八三〕子　成化本此下有「若孫」。

〔八四〕個　成化本此下有「時勢義理」。

〔八五〕魯莊公　成化本爲「莊公」。
〔八六〕與之同時　成化本無。
〔八七〕那時　成化本無。
〔八八〕周天子　成化本爲「天子」。
〔八九〕父　成化本無。
〔九〇〕更檢桓公是襄公之子否　成化本無。
〔九一〕丈　成化本無。
〔九二〕了　成化本無。
〔九三〕後來便冷落　成化本爲「後事便冷了」。
〔九四〕信不信　成化本爲「信否」。
〔九五〕必不信　成化本無。
〔九六〕欲　成化本作「姑」。
〔九七〕莊公之讎……也做不成也　成化本無。
〔九八〕允文　成化本無。
〔九九〕得　成化本無。
〔一〇〇〕自　成化本無。
〔一〇一〕引又　成化本無。
〔一〇二〕引　成化本此上有「疏又」。

〔一〇三〕有　成化本作「禮」。
〔一〇四〕成化本此下注有「僩」。按，此條底本卷八十六重複收入，但文字有差異，參該卷僩録「問復讐之義……須看他大意」條。
〔一〇五〕居住　成化本無。
〔一〇六〕亦　成化本此上有「然」。
〔一〇七〕成化本此下注曰：「論恢復。」

卷一百三十四

［一］總論史春秋戰國　成化本無。

［二］成化本此下注曰：「以下歷代史。」

［三］從周　成化本作「振」。

［四］遂　原脱，據成化本補。

［五］此條雉録成化本載於卷七十九。

［六］事　成化本作「是」。

［七］高氏　成化本此上有「稽古録一書可備講筵官僚進讀……但不如温公之有法也」。此部分内容底本另作一條，參本卷。

［八］高峻唐人通鑑中亦多取之　此十一字成化本爲小字。

［九］成化本此下注有「方子」。且此條成化本載於卷一百三十六。

［一〇］文子　成化本爲「方子」，且此條成化本載於卷一百。按，李文子乃李方子之弟，字公謹。

［一一］知　成化本爲「如此」。

［一二］成化本此下有「高氏小史……通鑑中亦多取之」，底本另作一條，參本卷。

［一三］驤　成化本無。

［一四］斷　成化本此下有「之」。

［一五］道夫　成化本作「驤」。
［一六］成化本此下注曰：「見管見後唐莊宗『六月甲午』條下。」
［一七］庚　成化本無。
［一八］有始不得正……是正統之餘　原爲「有始不得正統而後方得者是正統之餘」，「是正統之始有始得正統而後不得者」十五字原脱，據上下文及成化本補。
［一九］是　成化本作「始」。
［二〇］是　成化本無。
［二一］統　成化本此下注曰：「義剛録作『此時便是無統』。」
［二二］薨　成化本作「殂」。
［二三］做　成化本無。
［二四］爲　成化本無。
［二五］據　成化本此下注曰：「義剛録云：『唐末天子不能有其土地，亦可謂正統之餘否？』」
［二六］已　成化本此下注曰：「義剛録云：『安得謂不能有其土地！』」
［二七］此條淳録成化本載於卷一百五。
［二八］録　成化本無。
［二九］成化本此下注曰：「以下春秋。」
［三〇］庚　成化本無。
［三一］兄　成化本無。

〔三二〕有　成化本爲「有之」。
〔三三〕則　成化本無。
〔三四〕以此　成化本無。
〔三五〕義剛　成化本無。
〔三六〕義剛　成化本無。
〔三七〕者之　成化本無。
〔三八〕要　成化本作「愛」。
〔三九〕他　成化本無。
〔四〇〕分了他　成化本爲「分他底」。
〔四一〕搶奪　成化本無。
〔四二〕是忠義之人　成化本爲「忠義」。
〔四三〕死節又守　成化本爲「盡死節守」。
〔四四〕自　成化本無。
〔四五〕去取　成化本無。
〔四六〕是被它是善守　成化本爲「被它善守」。
〔四七〕只是　成化本無。
〔四八〕是他　成化本無。
〔四九〕便也　成化本作「但是」。

［五〇］者　成化本無。

［五一］當時至相待　成化本爲「至相持」。

［五二］之　成化本作「也」。

［五三］那　成化本無。

［五四］個　成化本無。

［五五］在　成化本爲「也未是長策」。

［五六］固　成化本無。

［五七］知　成化本作「如」。

［五八］矣　成化本無。

［五九］矣　成化本無。

［六〇］如此則　成化本無。

［六一］此等處未必實有此　成化本爲「未必有此事」。

［六二］敗　成化本此上有「來」。

［六三］差　成化本作「着」。

［六四］卓　成化本爲「義剛」。

［六五］夔孫人傑録意同而語異今並附云　成化本爲「夔孫録云」。

［六六］□　此字缺，成化本爲「人傑録云」，疑缺字當作「云」或「曰」。

［六七］某　成化本無。

［六八］使乘間隙　成化本爲「是乘人間隙」。
［六九］他　成化本作「位」，屬上讀。
［七〇］成化本此下注有「秦」。
［七一］是　成化本無。
［七二］他　成化本無。
［七三］尚　成化本無。
［七四］便　成化本無。
［七五］若　成化本無。
［七六］但　成化本作「便」。
［七七］按義剛又有一條同而有詳略今附云　成化本爲「元本云」。
［七八］他　成化本爲「他底」。
［七九］但　成化本無。
［八〇］被　成化本作「放」。
［八一］而今　成化本無。
［八二］但　成化本無。
［八三］則　成化本無。
［八四］一　成化本無。
［八五］之　成化本無。

〔八六〕也削去　成化本爲「亦削了」。
〔八七〕又按夔孫録同而前後次序少異今附云　成化本爲「夔孫録同但云」。
〔八八〕商鞅以帝王説秦……謂世間都無這般底人　成化本爲「温公性朴直便是不曉這般底人得劇孟事也不信謂世間都無這般底人」。
〔八九〕陳仲亨問阡陌　成化本爲「仲亨問開阡陌」。
〔九〇〕得在　成化本無，下一同。
〔九一〕但　成化本作「便」。
〔九二〕這兩句自是合掌説……寬鄉爲井田　原爲「却説寬鄉爲井田」，「這兩句自是合掌説後人皆不曉唐時」十五字原脱，據上下文及成化本補。
〔九三〕之夫　成化本無。
〔九四〕成化本此下注曰：「僩録云：『人皆謂廢古井田、開今阡陌云云。』」底本以僩録另作一條，參此下第三條。
〔九五〕此條道夫録成化本無。
〔九六〕此條僩録成化本作爲注，附於夔孫録尾，參本卷「問井田阡陌……變井田爲阡陌也」條。

卷一百三十五

［一］兩漢　成化本無。

［二］此條學蒙録成化本作爲注，附於至録尾，但略有差異，爲「漢承焚滅後却有忠質底意」。參成化本卷一百三十五「周太繁密……已是質了」條。

［三］那時　成化本無。

［四］那　成化本無。

［五］那　成化本無。

［六］人亦皆　成化本爲「人家亦」。

［七］按陳淳録同而略……人亦皆然　成化本無。

［八］綽　成化本作「踔」。

［九］中　成化本作「下」。

［一〇］十年來　成化本爲「十來年讀書」。

［一一］得　成化本作「悟」。

［一二］此條成化本載於卷十一。

［一三］此條淳録成化本以部分内容爲注，夾於卷九十義剛録中，參成化本該卷「堯卿問高爲穆之義……看他如何地」條。且成化本於録尾注有「淳録少異，作數條」，檢底本，淳録分爲五條，除此條外，其他四條分

載各卷，參五十五「孟子説湯以七十里……與他區處」條，卷八十四「禮經難考……行之則大不然」條，卷八十六「向來君舉進制度説……與逐項破其説」條，卷八十六「淳問山林川澤三分去一……又如何三分去一」條。

〔一四〕此條節録成化本以部分内容爲注，夾於卷一百三十四銖録中，參成化本該卷「黄仁卿問自秦始皇變法之後……留取子嬰在也」條。

〔一五〕此條德明録成化本載於卷一百三十四。

〔一六〕伯謨　成化本作「又」。

〔一七〕高祖時有　成化本無。

〔一八〕此條成化本無，但卷九十載義剛同聞所録，參成化本該卷「堯卿問高爲穆之義……看他如何地」條。

〔一九〕張良　成化本無。

〔二〇〕據義剛觀之　成化本無。

〔二一〕裔　成化本作「系」。

〔二二〕無　成化本作「未」。

〔二三〕高祖　成化本無。

〔二四〕王者　成化本無。

〔二五〕至　成化本無。

〔二六〕那　成化本無。

〔二七〕求　成化本爲「使之親」。

［二八］固　成化本無。
［二九］則　成化本無。
［三〇］文子　成化本爲「方子」。
［三一］又曰　成化本無。
［三二］某　成化本無。
［三三］漢高帝　成化本爲「高祖」。
［三四］個　成化本無。
［三五］見　成化本作「是」。
［三六］道夫　成化本無。
［三七］燒　成化本此上有「只」。
［三八］張子房諸葛孔明　成化本爲「子房孔明」。
［三九］張子房　成化本爲「子房」。
［四〇］也　成化本此下有「甚」。
［四一］諸葛孔明　成化本爲「孔明」。
［四二］成化本此下注曰：「必大録云：『叔孫通制漢儀，一時上下肅然震恐，無敢喧嘩，時以爲善。然不過尊君卑臣如秦人之意而已，都無三代燕饗底意思了。』」
［四三］道夫　成化本無。
［四四］者　成化本無。

〔四五〕然　成化本作「知」。
〔四六〕當　成化本無。
〔四七〕邵康節　成化本爲「康節」。
〔四八〕禮曰　成化本無。
〔四九〕説了　成化本無。
〔五〇〕生　成化本無。
〔五一〕那　成化本無。
〔五二〕成化本此下注有「賀孫」。
〔五三〕將詔令　成化本爲「將軍令」。
〔五四〕令　成化本作「詔」。
〔五五〕管　成化本無。
〔五六〕不　成化本此下有「爲則已爲」。
〔五七〕何　成化本此上有「然」。
〔五八〕濮書　成化本爲「漢書」。
〔五九〕得　成化本無。
〔六〇〕個　成化本無。
〔六一〕粹　成化本作「碎」。
〔六二〕天子　成化本爲「太子」。

[六三]不　成化本無。
[六四]詠歌　成化本爲「歌詠」。
[六五]節　成化本無。
[六六]仡　成化本作「屹」，下一同。
[六七]非　成化本作「罪」。
[六八]批　成化本作「掫」。
[六九]絜　成化本作「縈」。
[七〇]成化本此下注曰：「寓録見『狂狷』章。」
[七一]是　成化本無。
[七二]庚　成化本無。
[七三]義剛　成化本無。
[七四]所爲　成化本無。
[七五]哮　成化本作「勃」。
[七六]到　成化本此上有「『到這裏也不解恤得惡模樣了。』義剛曰：『光畢竟是做得未宛轉。』曰：『做』」。
[七七]此　成化本爲「此時」。
[七八]十分也　成化本爲「也十分」。
[七九]陳淳録同而略……十分使宛轉不得　成化本無。
[八〇]奈　成化本作「如」。

〔八一〕好　成化本作「知」。
〔八二〕可學　成化本爲「義剛」。
〔八三〕斬　成化本此上有「要」。
〔八四〕成化本此下注有「淳」。
〔八五〕此條泳録成化本無。
〔八六〕此條方子録成化本載於卷一百三十八。
〔八七〕此條升卿録成化本載於卷一百三十八。
〔八八〕便　成化本無。
〔八九〕成化本此下注曰：「必大録云：『想謁禮必又重。』」且此條方子録載於卷一百三十四。
〔九〇〕甞　成化本作「常」。
〔九一〕而　成化本無。
〔九二〕期　成化本無。
〔九三〕也　成化本無。
〔九四〕問　成化本作「内」。
〔九五〕義剛　成化本爲「賀孫」。且此條底本卷四十五重複載入。
〔九六〕滕　成化本作「謄」。
〔九七〕必有存亡　成化本爲「有必亡」。

卷一百三十六

［一］三國晉六朝唐五代　成化本無。
［二］又　成化本無。
［三］劉先主　成化本爲「先主」。
［四］他　成化本此下注曰：「必大録云：『孫權與劉備同禦曹操，亦是其勢不得不合。』」
［五］成化本此下注曰：「必大録小異。」
［六］諸葛孔明　成化本爲「孔明」。
［七］此條道夫録成化本無。
［八］寓　成化本無。
［九］文中子言　成化本無。
［一〇］陳淳録同　成化本爲「淳録云孔明也粗若興禮樂也是粗禮樂砥録云孔明是禮樂中人但做時也粗疏」。
［一一］諸葛孔明　成化本爲「孔明」。
［一二］蜀先主　成化本爲「先主」。
［一三］也　成化本無。
［一四］恐其　成化本無。

〔一五〕此條成化本無，但卷一百三十六載僩及方子同聞所録，參成化本卷一百三十六僩録「諸葛亮之事……便有斑駁處」條。
〔一六〕他怕　成化本作「似」。
〔一七〕足　成化本作「能」。
〔一八〕也　成化本作「乎」。
〔一九〕可　成化本作「事」。
〔二〇〕此條閎祖録成化本無。
〔二一〕言　成化本無。
〔二二〕皇帝　成化本無。
〔二三〕飯　成化本作「飽」。
〔二四〕則　成化本無。
〔二五〕曰尚可着手少頃之又問曰可着手乎　成化本無。
〔二六〕人　成化本無。
〔二七〕劉師閔「閔」字原缺，據成化本補。
〔二八〕云　成化本無。
〔二九〕又　成化本無。
〔三〇〕賀孫録順昌之捷一段尤詳見夷狄類　成化本無。按，此條賀孫録底本載於卷一百三十三，可參該卷「古之戰也……可惜此機不遂進」條。

［三一］千　成化本此下有「人」。
［三二］成化本此下注有「賀孫」。
［三三］劉備　成化本爲「劉禪」。
［三四］此條人傑録成化本以部分内容爲注，夾於必大録中，參成化本卷一百三十六「羊陸相遺……石勒修祖逖母墓事皆相近」條。
［三五］許　成化本作「餘」。
［三六］台州　成化本無。
［三七］此條淳録成化本以部分内容爲注，夾於義剛録中，參成化本一百三十六卷「問老子之道……未害倫理在」條。
［三八］此條人傑録成化本以部分内容爲注，附於甾録尾，參成化本卷一百三十六「王儀爲司馬昭軍師……初不可免也」條。
［三九］自　成化本作「而」。
［四〇］庚　成化本無。
［四一］材　成化本作「情」。
［四二］明德　成化本爲「德明」。
［四三］分　成化本爲「口分」。
［四四］成化本此下注曰：「義剛録云：『唐口分是二分，世業是八分。有口則有口分，寡婦皆無過十二』云云。」

〔四五〕於　成化本無。

〔四六〕只　成化本作「是」。

〔四七〕成化本此下注有「賀孫」。

〔四八〕庚　成化本無。

〔四九〕朝廷之　成化本無。

〔五〇〕做　成化本作「放」。

〔五一〕此條儒用録成化本載於卷一百十二。

〔五二〕此條義剛録成化本載於卷一百十二。

〔五三〕成化本此下注有「賀孫」，且此條載於卷一百十二。

〔五四〕此條廣録成化本載於卷一百十二。

〔五五〕此條公謹録成化本載於卷一百十二。

〔五六〕史臣贊唐太宗　成化本爲「史贊太宗」。

〔五七〕道夫　成化本作「驤」。

〔五八〕淳　成化本無。

〔五九〕淳　成化本無。

〔六〇〕不當立　成化本爲「不了」。

〔六一〕當　成化本此上有「以」。

〔六二〕百十　成化本爲「數百」。

〔六三〕攔　成化本作「闌」。

［六四］淳　成化本爲「義剛」。
［六五］則　成化本作「問」。
［六六］答　成化本無。
［六七］此條大雅録成化本載於卷一百五。
［六八］成化本此下注有「道夫」。
［六九］周宏仲　成化本爲「周莊仲」。
［七〇］他　成化本無。
［七一］他　成化本無。
［七二］人傑對　成化本無。
［七三］范淳夫唐鑑中　成化本爲「唐鑑」。
［七四］論　成化本作「説」。
［七五］武侯當面便説得如説孫權一段　原爲「武侯當面便説孫權一段」，「説得如」三字原脱，據上下文及成化本補。
［七六］古人　成化本爲「古今」。
［七七］宣公是處　成化本無。
［七八］元秉按萬人傑録同　成化本爲「人傑」。
［七九］害　成化本此下有「言」。
［八〇］在　成化本無。
［八一］此條淳録成化本無。

〔八二〕皇帝　成化本無。
〔八三〕也　成化本此下注曰：「一本此下云：『所謂神聖，其臣莫及。趙普輩皆不及之。』」
〔八四〕世宗　成化本此上有「只是」。

卷一百三十七

〔一〕道夫　成化本無。
〔二〕泥　成化本作「施」。
〔三〕刻　成化本作「覈」。
〔四〕朱齊丘化書序中論也　成化本爲「宋齊丘化書序中所論也」。
〔五〕所　成化本爲「所以」。
〔六〕底　成化本此下有「人」。
〔七〕意　成化本爲「意思」。
〔八〕曰程子却取之是如何曰然但恐他意思　成化本無。
〔九〕駕　成化本爲「駕説」。
〔一〇〕云　成化本作「問」。
〔一一〕之　成化本無。
〔一二〕成化本此下注有「荀、揚」。
〔一三〕成化本此下注有「荀子」。
〔一四〕此條淳録成化本無，但卷一百三十七載義剛同聞所録，參成化本該卷「先生考訂韓文公與大顛書……亦間有然者」條。

〔一五〕某　成化本爲「可學」。
〔一六〕此　成化本爲「此等」。
〔一七〕做　成化本爲「要做」。
〔一八〕也　成化本無。
〔一九〕先生説　成化本無。
〔二〇〕揚子雲　成化本爲「子雲」。
〔二一〕多　成化本爲「亦多」。
〔二二〕太玄經　成化本爲「太玄」。
〔二三〕㬅几問　成化本爲「㬅問」。
〔二四〕邵康節　成化本爲「康節」。
〔二五〕揚子雲　成化本爲「子雲」。
〔二六〕韓退之　成化本爲「退之」。
〔二七〕如何説得　成化本爲「如作詩説」。
〔二八〕韓退之勝似揚子雲　成化本爲「退之勝似子雲」。
〔二九〕去處極高了　成化本爲「處極高」。
〔三〇〕看　成化本無。
〔三一〕又　成化本作「文」。
〔三二〕云　成化本爲「説云」。

〔三三〕是　成化本無。
〔三四〕我　成化本作「時」。
〔三五〕個　成化本無。
〔三六〕個　成化本無。
〔三七〕個　成化本無。
〔三八〕間　成化本爲「少間」。
〔三九〕來　成化本無。
〔四〇〕答　成化本無。
〔四一〕令　成化本無。
〔四二〕答　成化本無。
〔四三〕節　成化本此下有「等語」。
〔四四〕得　成化本爲「見得」。
〔四五〕道夫　成化本無。
〔四六〕道夫　成化本無。
〔四七〕説　成化本作「設」。
〔四八〕道夫問　成化本無。
〔四九〕笑　成化本此上有「先生」。
〔五〇〕此條道夫録成化本載於卷九十六。

〔五一〕要　成化本此下有「看」。
〔五二〕好　成化本此下有「處」。
〔五三〕處　成化本作「到」，屬下讀。
〔五四〕便　成化本無。
〔五五〕以　成化本此下有「數」。
〔五六〕此條時舉録成化本載於卷四十七。
〔五七〕此兩句盡　原脱，據成化本補。
〔五八〕句　成化本爲「一句」。
〔五九〕月是時同在彼至初八九落在酉時　成化本爲「月是時同在至初八九落在酉」。
〔六〇〕則　成化本爲「相對」。
〔六一〕在　成化本無。
〔六二〕上　成化本無。
〔六三〕魄　成化本此下有「終魄皆繫」。
〔六四〕恐　成化本爲「恐是」。
〔六五〕按或録前後次序不同……則魄漸復也　成化本無。
〔六六〕先生　成化本無。
〔六七〕昨夜作復言光漸消而復其魄也解終　成化本爲「昨夜解終作復言光漸消而復其魄也」。
〔六八〕如　成化本作「於」。

［六九］嬰　成化本此上有「能如」。
［七〇］惟　成化本作「推」。
［七一］又　成化本爲「又云」。
［七二］潁濱　成化本此下有「解」。
［七三］此條與上條，成化本合爲一條。
［七四］揚子雲作　成化本無。
［七五］此條泳録成化本載於卷六十七。
［七六］中　成化本無。
［七七］一　成化本無。
［七八］此條可學録成化本載於卷六十七。
［七九］曰　成化本爲「笑曰」。
［八〇］理會　成化本爲「附會」。
［八一］成化本此下注有「文中子」。
［八二］也　成化本無。
［八三］得出來做人　成化本無。
［八四］有　成化本爲「也有」。
［八五］又　成化本無。
［八六］却　成化本無。

〔八七〕世　成化本無。

〔八八〕是　成化本無。

〔八九〕明　成化本作「名」。

〔九〇〕之　成化本無。

〔九一〕弟子可謂　成化本作「公可爲」。

〔九二〕爲　成化本無。

〔九三〕言　成化本作「作」。

〔九四〕慢　成化本爲「軟慢」。

〔九五〕誠　原脱，據成化本補。

〔九六〕好　原脱，據上下文及成化本補。

〔九七〕著　成化本作「看」。

〔九八〕召　成化本爲「已召」。

〔九九〕必有抽戈用命……無所問也　原爲「必有抽戈正爲今日今日之事無所問也」，「用命如賈充成濟之徒如曰司馬公畜養汝等」十八字原脱，據上下文及成化本補。

〔一〇〇〕是他實見到得到得　成化本爲「是他實見得」。

〔一〇一〕此條淳録成化本無，但卷一百三十七載義剛同聞所録，參成化本該卷「先生考訂韓文公與大顛書……然亦間有然者」條。

〔一〇二〕此條淳録成化本無，但卷一百三十七載義剛同聞所録，參成化本該卷「先生考訂韓文公與大顛書……然亦間有然者」條。

［一〇三］答　成化本無。

［一〇四］答　成化本無。

［一〇五］成化本此下注曰：「黹録詳。」且其下條載有黹録「問仁與義爲定名……方是道德之正」條。

［一〇六］云　成化本作「謂」。

［一〇七］柔　王本作「游」。

卷一百三十八

〔一〕作文上　成化本爲「論文上」，且此目載於卷一百三十九，以下各條除另注者外，皆載成化本該卷。

〔二〕自離騷至唐以來及泛論　成化本無。

〔三〕也　成化本此下注曰：「饒録云：『國語説得絮，只是氣衰。又不如戰國文字更有些精彩。』」

〔四〕是　成化本作「見」。

〔五〕何　成化本爲「如何」。

〔六〕賀孫　成化本無。

〔七〕看　成化本無。

〔八〕美厥靈根　成化本無。按，此四字似爲他條誤入，參本卷「仲舒文大概好……其疏如此」條。

〔九〕庚　成化本爲「楚詞」。

〔一〇〕成化本此下注曰：「離騷叶韻到篇終，前面只發兩例。後人不曉，却謂只此兩韻如此。至。」

〔一一〕成化本此下注曰：「道夫録云：『古今擬騷之作惟魯直爲無謂。』」此部分注底本另載入道夫録中，參卷一百三十九「山谷集中贈覺範詩……惟魯直爲無謂」條。

〔一二〕好　成化本作「如」。

〔一三〕成化本此下注曰：「人傑。漢文。」

〔一四〕揚雄老氏之學如藏心於淵□□□□　成化本無。按，「淵」下四字疑爲「美厥靈根」。

〔一五〕便是老　成化本爲「人老」。

〔一六〕而　成化本無。

〔一七〕此條淳録成化本分爲兩條，其中「仲舒文大概好，然也無精彩」爲一條，「人老氣衰……其疏如此」另爲一條。

〔一八〕收　成化本作「歸」。

〔一九〕多　成化本此上有「書」。

〔二〇〕子　成化本此下注曰：「佐録作『腔子滿』。」

〔二一〕苦難行　成化本爲「苦寒行」。

〔二二〕情　成化本作「詩」。

〔二三〕賊　成化本此下有「起」。

〔二四〕雉按林夔孫録同　成化本爲「夔孫」，且此條載於卷一百四十。

〔二五〕此條成化本載於卷一百四十。

〔二六〕必大　成化本無。

〔二七〕字　成化本爲墨丁。

〔二八〕此條雉録成化本載於卷一百四十。

〔二九〕此條人傑録成化本載於卷一百四十。

〔三〇〕略記當時語意如此　成化本無。

〔三一〕此條方子録成化本載於卷一百四十。

［三二］此條德明録成化本載於卷一百四十。
［三三］旦　成化本作「早」。
［三四］艷　成化本作「啖」。
［三五］此條雉録成化本載於卷一百四十。
［三六］游　成化本爲「廣敬仲同」，且此條載於卷一百四十。按，「敬仲」即「游敬仲」。
［三七］此條義剛録成化本載於卷一百四十。
［三八］道　成化本作「這」。
［三九］此條雉録成化本載於卷一百四十。
［四〇］此條雉録成化本載於卷一百四十。
［四一］此條雉録成化本載於卷一百四十。
［四二］中　成化本爲「之中」。
［四三］成化本此下注有「佐同」，且此條方子録載於卷一百四十。
［四四］場　成化本作「戲」。
［四五］此條雉録成化本載於卷一百四十。
［四六］此條雉録成化本載於卷一百四十。
［四七］此條義剛録成化本載於卷一百四十。
［四八］此條方子録成化本載於卷一百四十。
［四九］此條方子録成化本載於卷一百四十。

[五〇]林本有語字　成化本無此注，另有大字作「語」。
[五一]亦林本無亦字作意思二字　成化本爲大字「意思亦」。
[五二]底林無底字　成化本無。
[五三]如林作因舉　成化本爲大字「因舉」。
[五四]林本有詩字　成化本作大字「詩」。
[五五]雉賜録少異　成化本作「賜」，且此條載於卷一百四十。
[五六]只　成化本爲「只是」。
[五七]成化本此下注有「韓、柳」。
[五八]梁武昭王之廟梁字恐是涼　成化本爲「涼武昭王之廟」。
[五九]周公　成化本作「周」。
[六〇]而　成化本此上有「當封」。
[六一]征伐　原脱，據上下文及成化本補。
[六二]如　成化本無。
[六三]遂　成化本無。
[六四]此條方子録成化本載於卷一百三十八。
[六五]是　成化本作「足」。
[六六]此條雉録成化本載於卷一百四十。
[六七]此條雉録成化本載於卷一百四十。

〔六八〕夔孫録同　成化本無。
〔六九〕義剛　成化本無。
〔七〇〕此條成化本載於卷一百三十七。
〔七一〕自　成化本爲「自有」。
〔七二〕來　成化本此下有「只是」。
〔七三〕此條義剛録成化本載於卷一百三十七。
〔七四〕義　成化本無。
〔七五〕蓋亦如此　成化本無。
〔七六〕此　成化本無。
〔七七〕此條方子録成化本載於卷一百三十七。
〔七八〕有様　成化本作「古」。
〔七九〕夔孫録略　成化本爲「義剛夔孫録」。
〔八〇〕韓　成化本此上有「但」。
〔八一〕又云　成化本無。
〔八二〕浮　成化本此下有「沉浮皆載也」。
〔八三〕成化本此下注有「韓文」。
〔八四〕骨　成化本作「滑」。
〔八五〕成化本此下注有「佐同」，且此條方子録載於卷一百四十。

〔八六〕此條道夫録成化本載於卷一百四十。
〔八七〕者　原脱，據上下文及成化本補。
〔八八〕曰固是……如靈師惠師之徒　此二十三字原脱，據成化本補。
〔八九〕是　成化本作「有」。
〔九〇〕勝　成化本此下有「之語」。
〔九一〕陳才卿　成化本爲「才卿」。
〔九二〕知　成化本作「去」。
〔九三〕詩　成化本無。
〔九四〕學　成化本作「好」。
〔九五〕後山　成化本此下注曰：「淳録云：『後山詩雅健勝山谷，無山谷尖洒輕揚之態。然山谷氣力又較大，叙事詠物頗盡事情。其散文又不及後山。』」
〔九六〕説　成化本爲「看來」。
〔九七〕人　成化本無。
〔九八〕罵人祖　成化本無。
〔九九〕煩　成化本作「頗」。
〔一〇〇〕陳淳録略……做得雄健　成化本爲「淳略」，且此條義剛録載於卷一百四十。
〔一〇一〕頭　成化本作「了」。
〔一〇二〕當作處知詩　成化本爲「當自知作詩」。

〔一〇三〕伯豐　成化本爲「必大」，且此條載於卷一百四十。
〔一〇四〕成化本此下注曰：「以下論近世之文。」
〔一〇五〕自得　成化本無。
〔一〇六〕得　成化本無。
〔一〇七〕神宗　成化本爲「仁宗」。
〔一〇八〕所　成化本無。
〔一〇九〕儉巧　成化本爲「纖巧」。
〔一一〇〕場　成化本無。
〔一一一〕多　成化本此下有「一」。
〔一一二〕這　成化本無。
〔一一三〕把物　成化本無。
〔一一四〕意　成化本作「思」。
〔一一五〕丈　成化本無。
〔一一六〕襲蓋卿録……今附注云　成化本爲「蓋卿録云」。
〔一一七〕德之問……諸公皆斂衽　成化本無。
〔一一八〕按廖謙録意同今附云　成化本爲「謙録云」。
〔一一九〕本　成化本無。
〔一二〇〕却　成化本作「都」。

〔一二一〕歐陽文忠公　成化本爲「歐陽公」。
〔一二二〕昌化　成化本爲「過化」。
〔一二三〕買　成化本此下注曰：「饒録作『見』。」
〔一二四〕醉翁亭記　成化本此下有「藁」。
〔一二五〕已　成化本此下注曰：「饒録云：『有數十字序滁州之山。忽大圈了，一邊注「環滁皆山也」一句。』」
〔一二六〕庚　成化本無。
〔一二七〕道　成化本無。
〔一二八〕此條雉録成化本載於卷一百四十。
〔一二九〕成化本此下注曰：「以下論作文。」
〔一三〇〕字　成化本此下注曰：「或作『做事』。」
〔一三一〕也　成化本此下注曰：「抄漳浦課簿。」

卷一百三十九

［一］作文二　成化本爲「論文下」，且此目載於卷一百四十，以下各條除另注者外，皆載成化本該卷。

［二］本朝　成化本無。

［三］詞　成化本爲「文詞」。

［四］此條木之録成化本載於卷一百三十七。

［五］元秉　成化本爲「儒用」。

［六］義剛　成化本無。

［七］也　成化本無。

［八］等事　成化本無。

［九］陳淳録同　成化本無，且此條義剛録載於卷一百三十。

［一〇］其　成化本無。

［一一］又　成化本無。

［一二］荆公之文如何曰他却似南豐文但比南豐文亦巧　此二十字原脱，據成化本補。

［一三］成化本此下注曰：「揚録云：『秦作後山敍，謂南豐辟陳爲史官。陳元祐間始得官，秦説誤』。」

［一四］銖　成化本爲「拱壽」。

［一五］梅聖俞　成化本爲「聖俞」。

〔一六〕銖　成化本爲「拱壽」。
〔一七〕如　此下有三字脱，成化本爲墨丁。
〔一八〕議論　成化本作「説」。
〔一九〕論　成化本作「記」。
〔二〇〕云云　成化本無。
〔二一〕却　成化本無。
〔二二〕有　成化本作「看」。
〔二三〕久　成化本此下注曰：「饒録云：『不能得一起頭，起行百十遭。』」
〔二四〕句　成化本此下有「云」。
〔二五〕以道夫觀之　成化本無。
〔二六〕問　成化本爲「或問」。
〔二七〕人傑　成化本爲「賀孫」。
〔二八〕庚　成化本無。
〔二九〕卒生　成化本爲「卒乍」。
〔三〇〕洪毅　成化本爲「洪駒父」。
〔三一〕古今擬騷之作惟魯直爲無謂　成化本無，但以此部分内容爲注，附於方子録尾，參底本卷一百三十八方子録「古人文章大率只是平説……却自是不好」條。
〔三二〕道夫　成化本爲「義剛」。

［三三］深　成化本作「染」。

［三四］所　成化本爲「所謂」。

［三五］日　成化本作「月」。

［三六］見　成化本作「有」。

［三七］雉又曰蘇子由詩有數篇没收在　成化本爲「又曰蘇子由詩有數篇誤收在文潛集中雉」。

［三八］此條方子録成化本無，但卷一百三十九載至、佐同聞所録，參成化本該卷「陳後山之文有法度……樂多賢友」條。又，底本卷一百三十八公晦（李方子之字）録尾附蓋卿同聞所録，參底本該卷「前輩文字有氣骨……此換字法也」條。

［三九］八二　此二字原缺，據宋詩鈔賦宗室暕高軒過圖詩及成化本補。

［四〇］行　成化本爲「出行」。

［四一］如秦少游詩甚巧……只一筆寫去　原爲「如秦少游詩只一筆寫去」，「甚巧亦謂之對客揮毫者想他合下得句便巧張文潛詩」二十二字原脱，據成化本補。

［四二］義剛陳淳録同　成化本作「淳」。

［四三］故　成化本作「做」，屬上讀。

［四四］此　成化本無。

［四五］又　成化本無。

［四六］健　成化本作「謎」。

［四七］道　成化本作「言」。

［四八］陳　成化本爲「陳蕃叟」。

［四九］戴　成化本爲「戴肖望」。

［五〇］宜興　成化本爲「宜黄」。

［五一］陳淳録同　成化本無。

［五二］此條義剛録成化本載於卷一百三十。

［五三］石曼卿詩有好處　成化本爲「因舉石曼卿詩極有好處」。

［五四］聲　成化本此下有「長篇」。

［五五］樂意相關禽對語……子美遠不及之　成化本録異，云「某舊於某人處見曼卿親書此詩，大字，氣象方嚴遒勁，極可寳愛，真所謂『顔筋柳骨』。今人喜蘇子美字，以曼卿字比之，子美遠不及矣。某嘗勸其人刻之，不知今安在。曼卿詩極雄豪而縝密方嚴，極好。如籌筆驛詩『意中流水遠，愁外舊山青』，又『樂意相關禽對語，生香不斷樹交花』之句極佳，可惜不見其全集，多於小説詩話中略見一二爾」。

［五六］詩　成化本爲「詩詞」。

［五七］于世　成化本無。

［五八］成化本此下注曰：「子蒙同。」

［五九］倣　成化本此下注曰：「學公羊儀禮。」

［六〇］攸　原缺，據成化本補。

［六一］攸　原缺，據成化本補。

［六二］此條方子録成化本載於卷一百三十八。

〔六三〕做得着者　成化本爲「做着」。
〔六四〕方子　成化本作「佐」。
〔六五〕庚　成化本無。
〔六六〕不當如此作　成化本爲「不尚如此胡明仲文字却好」。
〔六七〕德明　成化本爲「義剛」。
〔六八〕字　成化本爲「字字」。
〔六九〕德明　「明」字原脱，據成化本補。
〔七〇〕人　成化本爲「某人」。
〔七一〕成化本此下注有「意味」。
〔七二〕詩宋子　成化本無。
〔七三〕朔風思□動山河　「思」下缺一字，成化本文蔚録爲「朔雲寒雪滿山阿」。
〔七四〕此條雉録成化本以部分内容爲注，附於文蔚録，參成化本卷一百四十「劉叔通江文卿二人……須提掇他」條。
〔七五〕須　成化本爲「須要」。
〔七六〕放　成化本爲「放縱」。
〔七七〕他　成化本無。
〔七八〕倒　成化本作「到」。
〔七九〕自　成化本無。

〔八〇〕采　成化本作「來」。
〔八一〕一　成化本無。
〔八二〕庭　成化本作「其」。
〔八三〕況　原脱，據成化本補。
〔八四〕動　成化本此下有「一語」。

卷一百四十

［一］雜類　此目成化本載於卷一百三十八，以下各條除另注者外，皆載成化本該卷。

［二］成化本此下注有「泳」。

［三］屯　成化本無。

［四］節　成化本無。

［五］也　成化本無。

［六］此條節録成化本載於卷十三。

［七］淳僩録同　成化本作「僩」。

［八］尚　成化本無。

［九］此條淳録成化本於卷一百十二重複載入。又，底本卷七十九所載淳録有部分内容與此相類，參該卷「淳問君牙景命等篇……而當時下民却曉不得」條。

［一〇］成化本此下注有「砥」。

［一一］經布時先研其縷非織了後研也　此十三字原脱，據成化本補。

［一二］時　成化本無。

［一三］此條泳録成化本載於卷八十七。

［一四］此條成化本無。

［一五］此條泳録成化本無。
［一六］起　原脱，據成化本補。
［一七］命　成化本作「事」。
［一八］此條節録成化本無。
［一九］成化本此下注有「字附」，且此條可學録載於卷一百四十。
［二〇］此條僩録成化本載於卷一百二十八。
［二一］此條淳録成化本無，但卷八十四載義剛同聞所録，參成化本該卷「通典好一般書……議亦好」條。
［二二］此條僩録成化本載於卷一百三十。
［二三］是　成化本無。
［二四］你　成化本無。
［二五］某於方務德坐間識之　成化本無。
［二六］此條賀孫録成化本載於卷一百二十一。
［二七］此條僩録成化本載於卷一百四十。
［二八］汪端明撰　原作小字，據其上下文疑當作大字。
［二九］拈　成化本作「帖」。
［三〇］游　成化本爲「敬仲」。按，朱子語録姓氏有門人名游敬仲字連叔者。
［三一］真　成化本作「珍」。
［三二］此條淳録成化本卷一百十二重複載入，但文字稍有差異，參成化本該卷「或欲圖押綱厚賞者……有

計術去必得」條。

〔三三〕問　成化本此上有「問：『避嫌是否？』曰：『合避豈可不避？如「瓜田不納履，李下不整冠」，豈可不避？如「君不與同姓同車，與異姓同車不同服」，皆是合避處。』又」。

〔三四〕人家　成化本無。

〔三五〕之　成化本無。

〔三六〕世　成化本爲「世世」。

〔三七〕也　成化本無。

〔三八〕矣　成化本無此字，另爲「此不可曉」。

〔三九〕淳　成化本爲「義剛」，且此條載於卷十三。

〔四〇〕見□□　「見」下二字缺，成化本同。

〔四一〕彼　成化本此上有「然」。

〔四二〕此條義剛録成化本載於卷二。

〔四三〕義剛録同　成化本爲「義剛同」，且此條淳録載於卷二。

〔四四〕此條義剛録成化本無。

〔四五〕陳淳同　成化本無，且此條義剛録載於卷二

〔四六〕蔡仲默　成化本無。

〔四七〕此條義剛録成化本載於卷二。

〔四八〕成化本此下注有「義剛」，且此條義剛録載於卷二。

〔四九〕此條義剛録成化本分爲兩條，其中「吴大年曰……今猶存」爲一條，「道州即春陵……鄧州亦謂之春陵」爲一條，皆載於卷二。

〔五〇〕此條廣録成化本載於卷二。

〔五一〕此條節録成化本載於卷二。

〔五二〕此條方子録成化本載於卷二。

〔五三〕此條升卿録成化本載於卷二。

〔五四〕陳淳録同　成化本無，且此條義剛録載於卷二。

〔五五〕陳但云如潮州士人亦厚　成化本無。

〔五六〕陳淳録同少異　原爲「陳淳録同異」，據上下文補「少」。成化本無。

〔五七〕石林乃葉夢得此録乃其子集　成化本無。

〔五八〕去　成化本作「之」，且其下注曰：「蜀本作『去』。」

〔五九〕陳無某也以下至此　成化本無。

〔六〇〕載　成化本爲「乃載」。

〔六一〕見文集別本　成化本作「見」，且其下注曰：「蜀本有『文集別本』四字。」

〔六二〕語　成化本作「者」，且其下注曰：「蜀本作『語』。」

〔六三〕其所以載於山谷集者……以爲山谷帖也　成化本無，但另有注曰：「蜀本云：『其所以載於山谷集者，以山谷嘗録其語，而或以爲山谷帖也。』」

〔六四〕此下陳有其非與伊川明矣七字　成化本爲「淳録云其非與伊川明矣」。且注後又録「其差謬類如此。」

但當初佛學只是説無存養底工夫，至唐六祖始教人存養工夫。當初學者亦只是説不曾就身上做工夫，至伊川方教人就身上做工夫。所以謂伊川偷佛説爲己使」，此部分内容底本另作一條，載於卷一百二十六，參底本該卷「當初佛學只是説無存養底工夫……偷佛説爲己使」條。

[六五] 按陳淳録同而少異　成化本無。

[六六] 來　成化本無。

[六七] 此條可學録成化本載於卷一百七。

[六八] 去　成化本作「出」。

[六九] 此條賀孫録成化本載於卷一百七。

[七〇] 一二三四　成化本爲「壹貳叁肆」。

[七一] 七　成化本作「柒」。下一同。

[七二] 此條閎祖録成化本載於卷一百四十。

[七三] 義剛陳淳録同　成化本作「淳」，且此條載於卷一百三十五。

[七四] 保章辜字　成化本爲「『保辜』二字」。

[七五] 義剛陳淳録同　成化本作「淳」，且此條載於卷一百三十五。

[七六] 亦　此字原脱，據上下文及成化本補。

[七七] 義剛　成化本作「淳」，且此條載於卷一百三十五。又，此條底本卷一百二十八重複載入，參底本該卷淳録「漢律鄭康成注，今和正文皆亡矣」條。

[七八] 此條義剛録成化本載於卷一百四十。

[七九] 通　成化本爲「通底」。
[八〇] 此條義剛録成化本載於卷一百四十。
[八一] 稱　成化本此下注有「平」。
[八二] 稱　成化本此下注有「平」。
[八三] 稱　成化本此下注有「去」。
[八四] 一稱者稱之之稱皆平聲下稱者稱之稱去聲　成化本無。
[八五] 用人之勇去其亂用人之智去其詐　成化本無。
[八六] 人既　成化本無。
[八七] 辛合入本條　成化本無，且此條載於卷八十七。
[八八] 形夭舞千戚　成化本爲「形夭舞干戚」。
[八九] 此條夔孫録成化本載於卷一百三十九。
[九〇] 陶淵明　成化本爲「淵明」。
[九一] 馳車千乘驅革車十乘　成化本爲「馳車千駟革車千乘」。
[九二] 五　成化本爲「五伍」。
[九三] 一　成化本無。
[九四] 成化本此下注有「閎祖」。
[九五] 其　成化本作「共」。
[九六] 而　成化本無。

[九七] 此條義剛録成化本載於卷一百三十。
[九八] 此條義剛録成化本載於卷一百三十三。
[九九] 此條洽録成化本無。
[一〇〇] 庚 成化本無。
[一〇一] 個 成化本無。
[一〇二] 庚 成化本無。
[一〇三] 辨得果爲 成化本爲「辨其果」。
[一〇四] 此條德明録成化本載於卷一百二十七。
[一〇五] 鏖史 成化本爲「麈史」。
[一〇六] 此一段 成化本無。
[一〇七] 英 成化本作「爽」。
[一〇八] 亡 原作「云」，據上下文、義剛録及成化本改。
[一〇九] 按黄義剛録同但以爲李伯時今附云 成化本爲「義剛録云」。
[一一〇] 那時 成化本無。
[一一一] 妳子者得 成化本無。
[一一二] 間 成化本作「聞」。
[一一三] 亦不曾啼哭 成化本爲「不曾啼」。
[一一四] 作一段説 成化本無。

〔一一五〕此條泳録成化本無。
〔一一六〕秦師垣　成化本爲「秦相」。
〔一一七〕郡六陽　成化本爲「郭天賜」。
〔一一八〕六陽　成化本爲「天錫」。
〔一一九〕游　成化本無。
〔一二〇〕義剛　成化本無。
〔一二一〕本朝　成化本無。
〔一二二〕告　成化本無。
〔一二三〕楷　成化本此上有「如」。
〔一二四〕亦　成化本此上有「其木」。
〔一二五〕心　成化本此下有「使神之」。
〔一二六〕真　成化本無。
〔一二七〕一　成化本作「大」。
〔一二八〕三　成化本無。
〔一二九〕有跋之者云　成化本爲「李某跋之有云」。
〔一三〇〕跋者　成化本作「他」。
〔一三一〕圓滑方好　成化本爲「滑方好須是圓滑時方妙」。
〔一三二〕此條卓録成化本無。

〔一三三〕子　成化本作「事」。

〔一三四〕府　成化本此上有「無爵曰」。

〔一三五〕陳淳録同　成化本爲「淳同」，且此條義剛録載於卷九十。

〔一三六〕爲　成化本此上有「『玄』字」。

圖書在版編目(CIP)數據

朱子語類彙校 / (宋)黄士毅編; 徐時儀, 楊艷彙校. —上海: 上海古籍出版社, 2016.4
ISBN 978-7-5325-8000-2

Ⅰ.①朱… Ⅱ.①黄… ②徐… ③楊… Ⅲ.①朱熹(1130～1200)—哲學思想—研究②《朱子語類》—研究 Ⅳ.①B244.72

中國版本圖書館 CIP 數據核字(2016)第 041912 號

朱子語類彙校

(全十册)

[宋]黄士毅 編

徐時儀 楊艷彙校

上海世紀出版股份有限公司
上 海 古 籍 出 版 社 出版

(上海瑞金二路 272 號 郵政編碼 200020)

(1)網址:www.guji.com.cn

(2)E-mail:guji1@guji.com.cn

(3)易文網網址:www.ewen.co

上海世紀出版股份有限公司發行中心發行經銷

蘇州市越洋印刷有限公司印刷

開本 890×1240 1/32 印張 146.625 插頁 30 字數 2,815,000

2016 年 4 月第 1 版 2016 年 4 月第 1 次印刷

印數: 1—1,100

ISBN 978-7-5325-8000-2

B·935 定價: 498.00 元